数学
极简学习法

从害怕数学到突然开窍

李建宇 ◎ 著

北京联合出版公司
Beijing United Publishing Co.,Ltd.

图书在版编目（CIP）数据

数学极简学习法 / 李建宇著. -- 北京：北京联合
出版公司, 2024.7. -- ISBN 978-7-5596-5123-5（2025.2重印）

Ⅰ.G634.603

中国国家版本馆CIP数据核字第2024PZ4790号

数学极简学习法

作　　者：李建宇
出 品 人：赵红仕
责任编辑：高霁月
策划编辑：蔺亚丁
产品经理：安　亭
封面设计：时代华语设计部
版式设计：姜　楠

北京联合出版公司出版
（北京市西城区德外大街83号楼9层　100088）
北京时代华语国际传媒股份有限公司发行
三河市宏图印务有限公司印刷　新华书店经销
字数95千字　880毫米×1230毫米　1/32　7.5印张
2024年7月第1版　2025年2月第5次印刷
ISBN 978-7-5596-5123-5
定价：52.00元

/ 目录 /

第一章

数学的本质，多数同学都理解错了！

第二章

精准规划：数学学霸都有精准的规划

第三章

横向看数学之代数怎么学？

第四章

横向看数学之几何怎么学？

第五章

横向看数学之统计与概率怎么学？

第六章

横向看数学之实际应用怎么学？

附录

第一章

数学的本质，
多数同学都理解
错了！

很多同学学不好数学，关键在于认知上的错误！

第一节
规划 > 方法 > 内容

我教了 18 年的数学，见过太多同学在学数学的时候会有这样的疑问：为什么我每天三更眠五更起，很认真地在学数学，成绩还是不能提高？

其实不是努力程度不够，而是努力的方向是错的！很多同学，包括家长，总会有这样的想法，认为只要多做题，把考试内容研究透，数学成绩就能提升。

其实这样的理解是大错特错的！

想要数学考高分，有三个核心，第一是内容，第二是方法，第三是规划。

一、学数学，内容很重要

内容指的是正确的公式、准确的概念，别学错了。

比如说，学有理数，你得知道有理数这一章都包含什么内容；每个知识点之间有什么联系；前置知识点是什么；如果这部分知识没有学透的话，对后续的学习有没有什么影响；等等。这就是学习内容。

二、方法比内容重要

第二个核心就是方法。

怎么做预习，怎么复习，怎么做练习，等等，这些都是学习方法。

再具体一点就是：哪些内容需要预习，怎么样预习，预习到什么程度；学完之后，我们课下要练习多少题目，有没有什么特殊的技巧；等等。

其实我们很容易发现，方法比内容更加重要。内容课本上都有，但方法是课本上没有的，你需要去额外总结和提炼。

如果一个同学只知道埋头苦学，却没有掌握正确的学习方法的话，那他的效率就是极低的！他成绩的提高就要比别人花费更多的时间和精力。

所以说，方法比内容重要！

三、规划比方法重要

第三个核心就是规划。

规划是指：在不同的阶段应该以什么样的节奏学习哪些内容。

规划分为长期和短期两种类型。

长期规划是指小、初、高共 12 年的数学学习规划。比如在小学应该学什么，要不要学奥数，什么时候开始学奥数，奥数学到什么程度可以开始学习初中内容，每个阶段的进度如何安排，等等，这些都属于长期规划。

短期规划指针对某一个小目标做的短时间规划。比如初一数学只能考 60 分，想在初二前把成绩提高到 90 分，需要着重补习哪些知识；学习重点是放在概念背诵上还是做题上；每周学几个小时；等等。这些属于短期规划。

方法对了，能走得更快更轻松，规划对了，才能保证走的方向正确。

所以说，想要学好数学，就必须有一个清晰的规划。

高考内容，我们没办法在小学学习，这样的规划过于超前，会揠苗助长。同样道理，如果规划太延后，也会导致进度落后，得不偿失。

我曾经带出了许多数学中考满分、高考140分以上、考入名校的学生，这些学霸无一例外都有良好的规划！所以说想要学好数学，除了埋头苦学，还需要有一套清晰的规划，否则就会在错误的方向上白费努力。

每个年级具体的规划细节，会在接下来的内容里向大家详细讲解。

第二节
如何培养数感?

在《义务教育数学课程标准（2022年版）》（以下简称《课标》）中，有这么一句话：小学阶段，核心素养主要表现为：数感、量感、符号意识、运算能力……可以说，数感在对概念、公式及其关系的感受和认知上具有重要意义，是我们必须掌握的能力。

一、什么是数感?

《课标》中明确给出了数感的定义：

数感主要是指对于数与数量、数量关系及运算结果的直观感悟。能够在真实情境中理解数的意义，能用数表示物体的个数或事物的顺序；能在简单的真实情境中进行合理估算，作出合理判断；能初步体会并表达事物蕴含的简单数量规律。数感是形成抽象能力的经验基础。建立数感有助于理解数的意义和数量关系，初步感受数学表达的简洁与精确，增强好奇心，培养学习数学的兴趣。

简单来讲，数感就是对数字的敏感程度，我们拿一道简单的计算题来举例说明一下：

有两个自然数 a 和 b，a 比 b 大，a 与 b 的差的个位数是3，问 a 和 b 的个位数分别是多少？

如果是一个数感不强的同学，看到这道题肯定就蒙了：题目只给出了差的个位数，这怎么算呢？一定是题出错了！

如果是一个数感稍微强一点的同学，可能会

这么想，可能的情况有：9-6=3，8-5=3，7-4=3，6-3=3，5-2=3，4-1=3，3-0=3。那 a 和 b 的个位数就可以确定了。

这么做对吗？当然不对，一个数感比较强的同学，还会想到其他遗漏掉的情况：12-9=3，11-8=3，10-7=3。

这就是数感最简单、最直白的体现。

虽然小学的数学教材并没有明确说明什么是数感，但是我们处处可以看到数感的身影。

数感包括对数与数量、数量关系及运算结果这三个方面的直观感悟。这三个方面是指：

1.数与数量：事物的具体数量。如北师大版二年级下册教材的第 20 页中，就有这样的描述："这样的一本数学书约有 50 页，20 本书摞在一起大约有 1000 页"，"这张贴纸上有 100 个笑脸，十张这样的贴纸可以呈现 1000 个笑脸"。这些具体的情境，就是我们对数与数量的感受。

2.数量关系：简单来讲就是比较大小、猜数字，教材中会通过"多得多、多一些、少一些、少得多"等字眼来表示。如果我们可以恰当地表达数之间的大小关系，那对数量关系的感悟也就提升了。

3.运算结果：教材中有很多估算、笔算、口算的内容，而且有的题目还需要自己判断，用哪种方法更简便。当我们学会这些运算，就可以在学习中体会不同方法的优缺点和应用场景，从而做到灵活应用。

二、培养数感有什么用?

1.数感是数学思维的核心。

学习数学强调的是用数学的思维、数学的视角去看待世界。而数学的视角，就需要用数字客观地去描述世界，比如你在水果店看到了两种香蕉，你不再只关注香蕉的大小和颜色，还会去关注香蕉的数量、价格，这些都是数感的体现。再比如彩票，如果没有数学思维，你可能只看到了中奖者是谁、中奖金额，而不关心中奖的概率。数学教会我们用理性客观的角度看待世界，数感就是其中最重要的工具和依托。

2.数感可以帮助我们构建数学知识框架。

比如数系的扩充：由最基础的自然数扩充到整数、有理数，再由有理数扩充到无理数、实数、复数。说到无理数，我们可以想到二次根式、幂的运算等等；提到实数，我们可以想到因式分解、整式乘除……这些都是数学知识框架的一部分，数字就像一根线，把这些知识都穿在了一起。没有数感，你只能感到冷暖，有了数感，你会用"-5"来表示温度示数；你花4元钱买了一个笔记本，就会和负数联系，用"-4"来表示存款的变动。

三、如何培养数感？

其实培养数感很简单，可以从下面三个方面入手。

1.在生活中感知数学。

我们的日常生活中处处充满了数学。

很多同学对"亿"这个单位没有什么概念，理解起来也有困难，这个时候就可以结合实际例子来理解。比如，成年人的头发约有 10 万根，1000 个人的头发大约有 1 亿根；再比如，截至 2023 年，中国的人口约有 14 亿，全世界人口约有 80 亿；钟表上的秒针跳动 1 亿圈需要 3 年多的时间；等等。

通过这些熟悉的生活场景，就能对具体数量有更进一步的感知和体验。

2.动手操作建立数感。

和其他理科一样，数学也不是一个纸上谈兵的学科，同样需要动手操作。很多同学对时间单位没有清晰的感知，在学习"时、分、秒"的时候会感到混乱，对于 1 秒钟、1 分钟到底有多长并不确定，这种情况怎么办？很简单，我们可以加一个辅助项来帮助理解，比如抄写单词、诗句，看 1 分钟能写多少个单词、短语；还可以朗诵课文，看一分钟能读多少字，这样就可以把看不到摸不着的时间，转化成清晰明确的"单词数、字数"

这些内容，就能更好地理解时间的概念。

再比如长度和面积，这些概念其实比时间好理解，但也需要通过具体的实践来加强理解。我们可以拿尺子测量笔记本的长宽，计算它的面积，借助这些生活中常见的物体来帮助我们理解。

3. 在估算中加强数感

数感最难的地方就在"想不到"，比如之前举的例题，很多同学想不到12-9也等于3。那这种情况怎么办？拼命做题练习计算吗？当然不是，最简单有效的方法是多估算。比如计算789-532，可以先不得出准确的结果，而是估算出一个大概的范围，像这道题的答案肯定比300小、比200大，也可以更进一步估算出更加详细的结果。估算的过程就是在锻炼对数字的敏感度。

估算不光涉及计算，也涉及单位，比如我们在考试中经常会看到这样的题目：

下列说法中正确的有：

① 一本数学书的厚度是 1 毫米；

② 一根铅笔的长度是 20 厘米；

③ 一辆大卡车质量是 1 吨；

④ 步行 450 米需要 1 分钟。

这些表述都是考察我们对单位的理解是否到位。这个能力怎么锻炼呢？多在日常生活中观察和体会。比如：一步大概能走多远，一瓶水有多重，一本书有多厚，一部手机有多重，一块橡皮的面积有多少……

第三节
三大数学学习假象

一、听讲 = 学会？只有被动输入，没有主动思考

很多同学在学数学的时候，都有过这样的疑问：课上老师讲的公式、概念都能听懂，但是一到课下做题的时候，就有一半以上的题目做不出来，有的甚至一点思路都没有。

其实这就是把听讲和学会画了等号，实际上听了并不等于学会，有的同学在听讲的过程中左耳进右耳出，很多概念和公式可能只是眼熟而已，实际上，别说理解了，可能连完整公式都没背下来，

所以在课下做题的时候，自然也就想不到运用这个公式。

上课听讲是一个被动输入的过程。如果听的时候没有认真思考，一堂课下来，感觉把老师讲的知识都吸收了，但其实远远没有。

举一个简单的例子，现在大部分人出行，都会选择使用导航，导航会告诉你"前方路口右转"，你接收到这个指令，就会往右转。接下来，导航还会不断给你新的指令，直到你到达终点。

有导航时，你知道路该怎么走，但如果手机没电了没法使用导航，而你又没有用心记过路线，你就会发现自己完全不知道哪个路口要左转，哪个路口要右转。导航其实和上课听讲一样，都是被动输入的过程。

所以很多同学把"听了"这件事当作"听懂"，实际上，离真正的听懂还差得非常远。它们的区别就在于有没有主动思考！

二、做题 = 掌握？心态不行，记忆也不行

我在教学中发现，大部分同学都有过这样的困惑："为什么平时老师留的作业都会写，但是一到考试的时候，就有好多题不会做？"

这种情况有小部分同学是心态原因，考试时紧张，导致那些原本会做的题目做错了，而多数同学则是因为考查的知识点，他压根就没有掌握！

做练习的核心不在于量的多少，而在于练习的方式。练习是为了巩固知识，错误的练习方式并不能帮助我们巩固，反而会让我们有种会做的错觉。

我在教学中观察到，不管是小学生还是中学生，很多同学在写作业的时候都有一个非常不好的习惯，就是边看书边写作业！

他们写作业的场景都是这样的：左边放着书，右边放着作业，写一道题翻一次书，如果需要用到某个公式，就直接翻开教材或笔记本找，照着上面

的公式来写。

这种写作业的方式是非常不可取的！

边看书边做题是一种"开卷考试"，但真正的考试是闭卷形式，你没法把课本放在手边，你需要一边回忆公式、概念，一边做筛选——到底这道题目要用到哪几个公式。

我们拿高中的三角函数来举例。

诱导公式一：

$\sin(2k\pi+\alpha)=\sin\alpha$，$\cos(2k\pi+\alpha)=\cos\alpha$，$\tan(2k\pi+\alpha)=\tan\alpha$，$\cot(2k\pi+\alpha)=\cot\alpha$，其中 $k\in Z$

诱导公式二：

$\sin(\pi+\alpha)=-\sin\alpha$，$\cos(\pi+\alpha)=-\cos\alpha$，$\tan(\pi+\alpha)=\tan\alpha$，$\cot(\pi+\alpha)=\cot\alpha$

诱导公式三：

$\sin(-\alpha)=-\sin\alpha$，$\cos(-\alpha)=\cos\alpha$，$\tan(-\alpha)=-\tan\alpha$，$\cot(-\alpha)=-\cot\alpha$

诱导公式四：

$\sin(\pi-\alpha)=\sin\alpha$，$\cos(\pi-\alpha)=-\cos\alpha$，

$\tan(\pi-\alpha)=-\tan\alpha$，$\cot(\pi-\alpha)=-\cos\alpha$

诱导公式五：

$\sin(2\pi-\alpha)=-\sin\alpha$，$\cos(2\pi-\alpha)=\cos\alpha$，

$\tan(2\pi-\alpha)=-\tan\alpha$，$\cot(2\pi-\alpha)=-\cot\alpha$

诱导公式六：

$\sin\left(\dfrac{\pi}{2}+\alpha\right)=\cos\alpha$，$\cos\left(\dfrac{\pi}{2}+\alpha\right)=\sin\alpha$

$\sin\left(\dfrac{\pi}{2}-\alpha\right)=\cos\alpha$，$\cos\left(\dfrac{\pi}{2}-\alpha\right)=\sin\alpha$

可以看到，仅诱导公式就有 24 个，还不包含这些公式的变形。在写作业、考试的时候，如果公式没有背下来，或者不会熟练运用，自然就没法做出题目来。

我之前带过一个高一的女同学，她特别努力听话，不管是课内还是课外的作业，都能非常认真地完成，也记了很多笔记，但是成绩一直处于班里下游。她自己也很苦恼，不知道怎么去提高成绩，像高一上学期的期中考试，数学满分 150 分，班里均

分 100，她只能考 70 分。

刚开始上课的时候，我给她布置作业，她都会写，但一般都是边看笔记边写作业，做题速度也比较慢，课上提问她背公式，她得想一段时间才能回答上来。

之后我把所有公式、概念整理成填空题，要求她每天坚持练习，以改正边写作业边看笔记本的习惯。这样的训练一直持续到寒假结束，过年放假那几天我也要求她不能懈怠。

公式大全

专题一：三角函数相关公式与知识点：

一、 特殊角 $0°$、$30°$、$45°$、$60°$、$90°$、$180°$、$270°$ 等的三角函数值.

α	0	$\dfrac{\pi}{6}$	$\dfrac{\pi}{4}$	$\dfrac{\pi}{3}$	$\dfrac{\pi}{2}$	$\dfrac{2\pi}{3}$	$\dfrac{3\pi}{4}$	π	$\dfrac{3\pi}{2}$	2π
$\sin\alpha$										
$\cos\alpha$										
$\tan\alpha$										

二、同角三角函数的基本关系式

_____

三、两角和与差的正弦、余弦、正切公式

1、$\sin(\alpha+\beta) = $ _____

2、$\sin(\alpha-\beta) = $ _____

3、$\cos(\alpha+\beta) = $ _____

4、$\cos(\alpha-\beta) = $ _____

5、$\tan(\alpha+\beta) = $ _____.

6、$\tan(\alpha-\beta) = $ _____

四、两角和差公式的逆运用与变形

1. 逆用

$\cos\alpha\cos\beta + \sin\alpha\sin\beta = $ _____

2. 角变换后使用

$\cos\alpha = \cos[(\alpha+\beta)-\beta] = $ _____.

$\alpha = (\alpha+\beta)-\beta$; $\quad\quad \alpha = \beta-(\beta-\alpha) \quad\quad \alpha = (2\alpha-\beta)-(\alpha-\beta)$; $\quad\quad \alpha = \dfrac{1}{2}[(\alpha+\beta)-(\beta-\alpha)]$

3. 移项运用

$\cos\alpha\cos\beta = $ _____

$\sin\alpha\sin\beta = ($ _____

4. 特殊化使用

$\cos(\dfrac{\pi}{2}-\alpha) = \cos\dfrac{\pi}{2}\cos\alpha + \sin\dfrac{\pi}{2}\sin\alpha = \sin\alpha$

5. 以 $-\beta$ 代 β

$\cos[\alpha-(-\beta)] = $ _____

图 1：我整理的公式练习

2.1

α	0	$\frac{\pi}{6}$	$\frac{\pi}{4}$	$\frac{\pi}{3}$	$\frac{\pi}{2}$	$\frac{2\pi}{3}$	$\frac{3\pi}{4}$	$\frac{5\pi}{6}$	π	$\frac{3\pi}{2}$	2π
$\sin\alpha$	0	$\frac{1}{2}$	$\frac{\sqrt2}{2}$	$\frac{\sqrt3}{2}$	1	$\frac{\sqrt3}{2}$	$\frac{\sqrt2}{2}$	$\frac{1}{2}$	0	-1	0
$\cos\alpha$	1	$\frac{\sqrt3}{2}$	$\frac{\sqrt2}{2}$	$\frac{1}{2}$	0	$-\frac{1}{2}$	$-\frac{\sqrt2}{2}$	$-\frac{\sqrt3}{2}$	-1	0	1
$\tan\alpha$	0	$\frac{\sqrt3}{3}$	1	$\sqrt3$	\	$-\sqrt3$	-1	0			0

同角三角关系：$\frac{\sin\alpha}{\cos\alpha}=\tan\alpha$　② $\sin^2\alpha+\cos^2\alpha=1$.

两角和与差的正弦、余弦、正切公式

$\sin(\alpha\pm\beta)=\sin\alpha\cos\beta\pm\cos\alpha\sin\beta$ 　　$\cos(\alpha\pm\beta)=\cos\alpha\cos\beta\mp\sin\alpha\sin\beta$

$\tan(\alpha\pm\beta)=\dfrac{\tan\alpha\pm\tan\beta}{1\mp\tan\alpha\tan\beta}$

二倍角正、余弦正切

$\sin2\alpha=2\sin\alpha\cos\alpha$ 　　　　$\cos2\alpha=\cos^2\alpha-\sin^2\alpha$

变形：$\sin\alpha\cos\alpha=\dfrac{\sin2\alpha}{2}$ 　　　　　　$=1-2\sin^2\alpha$

　　　　　　　　　　　　　　　　　　　　$=2\cos^2\alpha-1$.

$\tan2\alpha=\dfrac{2\tan\alpha}{1-\tan^2\alpha}$

4、降幂公式

4、$1+\cos2\alpha=2\cos^2\dfrac{\alpha}{2}$ 　　　　　　降 $\sin^2\alpha=\dfrac{1-\cos2\alpha}{2}$

　　$1-\cos2\alpha=2\sin^2\dfrac{\alpha}{2}$ 　　　　　　　　$\cos^2\dfrac{\alpha}{2}=\dfrac{1+\cos2\alpha}{2}$

辅助角

$\alpha\sin\alpha+\beta\sin\alpha=\sqrt{a^2+b^2}\sin(\alpha+\varphi)$.

$\vec{a}=(x_1,y_1)$, $\vec{b}=(x_2,y_2)$

1. $\vec{a}+\vec{b}=(x_1+x_2,\ y_1+y_2)$ 　　　　2. $\vec{a}-\vec{b}=(x_1-x_2,\ y_1-y_2)$

3. $\lambda\vec{a}=(\lambda x_1,\ \lambda y_1)$ 　　　　　　4. $\vec{a}\parallel\vec{b}=x_1y_1-x_1y_2=0$.

5. $|\vec{a}|=\sqrt{x_1^2+y_1^2}$. 　　　　　　　6. $\vec{a}\cdot\vec{b}=x_1x_2+y_1y_2$

$A(x_1,y_1)$. $B(x_2,y_2)$. $\overrightarrow{AB}=(x_2-x_1,y_2-y_1)$

2.2

$a_n=\begin{cases}2 & (n=1)\\ 4n-3 & (n\geq2 \text{且}n\in N^*)\end{cases}$

α	0	$\frac{\pi}{6}$	$\frac{\pi}{4}$	$\frac{\pi}{3}$	$\frac{\pi}{2}$	$\frac{2\pi}{3}$	$\frac{5\pi}{6}$	π	$\frac{3\pi}{2}$	2π
$\sin\alpha$	0	$\frac{1}{2}$	$\frac{\sqrt2}{2}$	$\frac{\sqrt3}{2}$	1	$\frac{\sqrt3}{2}$	$\frac{1}{2}$	0	0	1
$\cos\alpha$	1	$\frac{\sqrt3}{2}$	$\frac{\sqrt2}{2}$	$\frac{1}{2}$	0	$-\frac{1}{2}$	$-\frac{\sqrt3}{2}$	-1	-1	1
$\tan\alpha$	0.	$\frac{\sqrt3}{3}$	1	$\sqrt3$	\	$-\sqrt3$	-1	0	\	0.

$\dfrac{\sin\alpha}{\cos\alpha}=\tan$ 　　$\sin^2\alpha+\cos^2\alpha=1$

$\times\sin(\alpha\pm\beta)=\sin\alpha\cos\beta\pm\cos\alpha\sin\beta$ 　　$\cos(\alpha\pm\beta)=\cos\alpha\cos\beta\mp\sin\alpha\sin\beta$

$\tan(\alpha\pm\beta)=\dfrac{\tan\alpha\pm\tan\beta}{1\mp\tan\alpha\tan\beta}$

$\sin2\alpha=2\sin\alpha\cos\alpha$ 　　　　$\cos2\alpha=\cos^2\alpha-\sin^2\alpha$

$\ \ \hookrightarrow\sin\alpha\cos\alpha=\dfrac{\sin2\alpha}{2}$ 　　　　　$=1-2\sin^2\alpha$

　　　　　　　　　　　　　　　　　　　$=2\cos^2\alpha-1$

$\tan2\alpha=\dfrac{2\tan\alpha}{1-\tan^2\alpha}$

$1+\cos\alpha=2\cos^2\dfrac{\alpha}{2}$ 　　　　　$\sin^2\alpha=\dfrac{1-\cos2\alpha}{2}$

$1-\cos\alpha=2\sin^2\dfrac{\alpha}{2}$ 　　　　　$\cos^2\alpha=\dfrac{1+\cos2\alpha}{2}$

图 2：学生坚持打卡的照片（一）

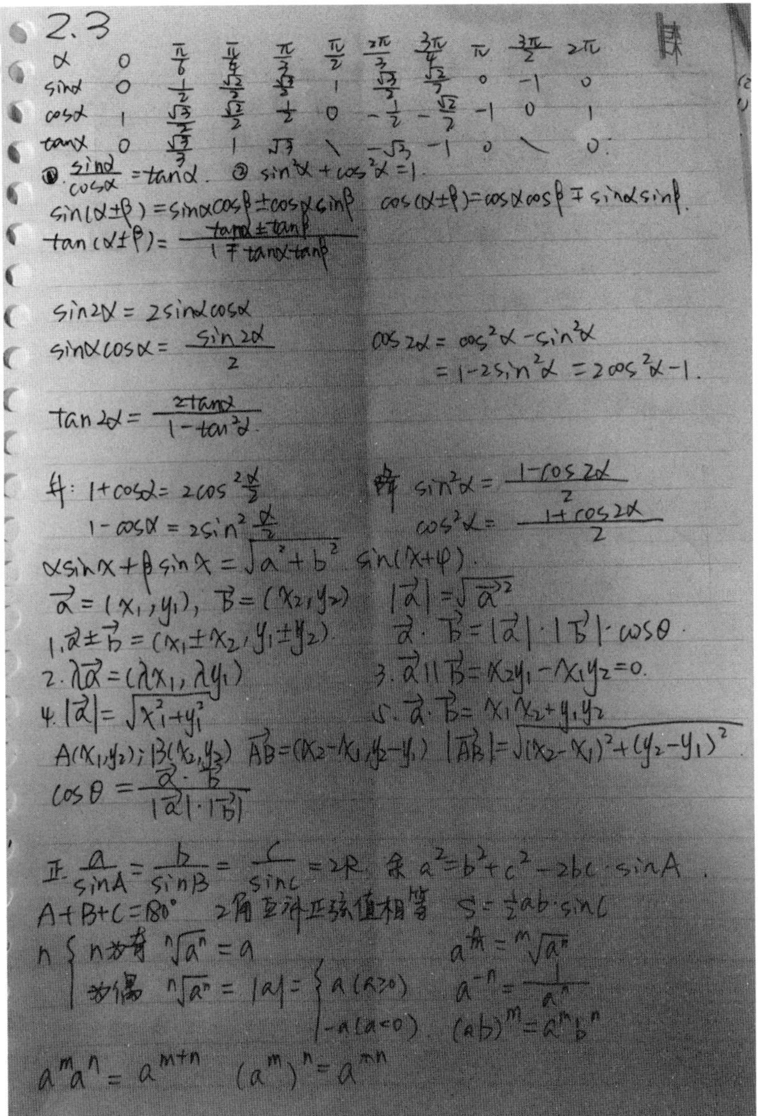

2.3

α	0	$\frac{\pi}{6}$	$\frac{\pi}{4}$	$\frac{\pi}{3}$	$\frac{\pi}{2}$	$\frac{2\pi}{3}$	$\frac{3\pi}{4}$	π	$\frac{3\pi}{2}$	2π
$\sin\alpha$	0	$\frac{1}{2}$	$\frac{\sqrt{2}}{2}$	$\frac{\sqrt{3}}{2}$	1	$\frac{\sqrt{3}}{2}$	$\frac{\sqrt{2}}{2}$	0	-1	0
$\cos\alpha$	1	$\frac{\sqrt{3}}{2}$	$\frac{\sqrt{2}}{2}$	$\frac{1}{2}$	0	$-\frac{1}{2}$	$-\frac{\sqrt{2}}{2}$	-1	0	1
$\tan\alpha$	0	$\frac{\sqrt{3}}{3}$	1	$\sqrt{3}$	\	$-\sqrt{3}$	-1	0	\	0

① $\frac{\sin\alpha}{\cos\alpha} = \tan\alpha$. ② $\sin^2\alpha + \cos^2\alpha = 1$.

$\sin(\alpha\pm\beta) = \sin\alpha\cos\beta \pm \cos\alpha\sin\beta$ $\cos(\alpha\pm\beta) = \cos\alpha\cos\beta \mp \sin\alpha\sin\beta$.

$\tan(\alpha\pm\beta) = \frac{\tan\alpha\pm\tan\beta}{1\mp\tan\alpha\tan\beta}$

$\sin 2\alpha = 2\sin\alpha\cos\alpha$

$\sin\alpha\cos\alpha = \frac{\sin 2\alpha}{2}$

$\cos 2\alpha = \cos^2\alpha - \sin^2\alpha$
$= 1 - 2\sin^2\alpha = 2\cos^2\alpha - 1$.

$\tan 2\alpha = \frac{2\tan\alpha}{1-\tan^2\alpha}$

升: $1+\cos 2\alpha = 2\cos^2\frac{\alpha}{2}$

$1-\cos\alpha = 2\sin^2\frac{\alpha}{2}$

降 $\sin^2\alpha = \frac{1-\cos 2\alpha}{2}$

$\cos^2\alpha = \frac{1+\cos 2\alpha}{2}$

$\alpha\sin\alpha + \beta\sin\alpha = \sqrt{a^2+b^2}\sin(\alpha+\varphi)$.

$\vec{a} = (x_1, y_1)$, $\vec{B} = (x_2, y_2)$ $|\vec{a}| = \sqrt{\vec{a}^2}$

1. $\vec{a}\pm\vec{b} = (x_1\pm x_2, y_1\pm y_2)$ $\vec{a}\cdot\vec{B} = |\vec{a}|\cdot|\vec{B}|\cdot\cos\theta$.

2. $\lambda\vec{a} = (\lambda x_1, \lambda y_1)$ 3. $\vec{a}\parallel\vec{B} \Leftrightarrow x_2 y_1 - x_1 y_2 = 0$.

4. $|\vec{a}| = \sqrt{x_1^2+y_1^2}$ 5. $\vec{a}\cdot\vec{B} = x_1 x_2 + y_1 y_2$

$A(x_1, y_1)$; $B(x_2, y_2)$ $\vec{AB} = (x_2-x_1, y_2-y_1)$ $|\vec{AB}| = \sqrt{(x_2-x_1)^2 + (y_2-y_1)^2}$.

$\cos\theta = \frac{\vec{a}\cdot\vec{b}}{|\vec{a}|\cdot|\vec{b}|}$

II. $\frac{a}{\sin A} = \frac{b}{\sin B} = \frac{c}{\sin C} = 2R$. 余 $a^2 = b^2 + c^2 - 2bc\cdot\sin A$.

$A+B+C = 180°$ 2角互补正弦值相等 $S = \frac{1}{2}ab\cdot\sin C$

$n\begin{cases} n\text{为奇} & \sqrt[n]{a^n} = a \\ \text{为偶} & \sqrt[n]{a^n} = |a| = \begin{cases} a & (a>0) \\ -a & (a<0) \end{cases} \end{cases}$ $a^{\frac{m}{n}} = \sqrt[n]{a^m}$

$a^{-n} = \frac{1}{a^n}$ $(ab)^m = a^m b^n$

$a^m a^n = a^{m+n}$ $(a^m)^n = a^{mn}$

图 3：学生坚持打卡的照片（二）

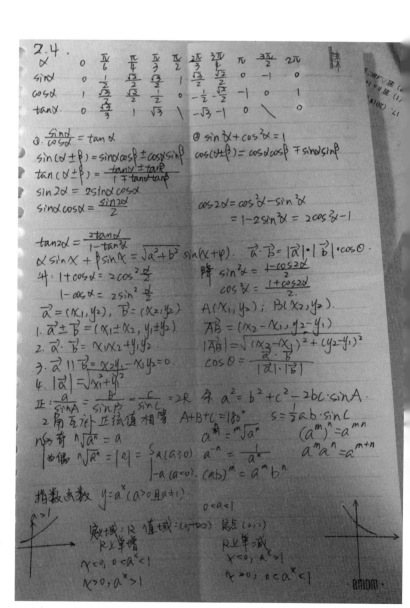

2.4.

α	0	$\frac{\pi}{6}$	$\frac{\pi}{4}$	$\frac{\pi}{3}$	$\frac{\pi}{2}$	$\frac{2\pi}{3}$	$\frac{3\pi}{4}$	π	$\frac{3\pi}{2}$	2π
$\sin\alpha$	0	$\frac{1}{2}$	$\frac{\sqrt{2}}{2}$	$\frac{\sqrt{3}}{2}$	1	$\frac{\sqrt{3}}{2}$	$\frac{\sqrt{2}}{2}$	0	-1	0
$\cos\alpha$	1	$\frac{\sqrt{3}}{2}$	$\frac{\sqrt{2}}{2}$	$\frac{1}{2}$	0	$-\frac{1}{2}$	$-\frac{\sqrt{2}}{2}$	-1	0	1
$\tan\alpha$	0	$\frac{\sqrt{3}}{3}$	1	$\sqrt{3}$	\	$-\sqrt{3}$	-1	0	\	0

① $\dfrac{\sin\alpha}{\cos\alpha} = \tan\alpha$ ② $\sin^2\alpha + \cos^2\alpha = 1$

$\sin(\alpha \pm \beta) = \sin\alpha\cos\beta \pm \cos\alpha\sin\beta$ $\cos(\alpha \pm \beta) = \cos\alpha\cos\beta \mp \sin\alpha\sin\beta$

$\tan(\alpha \pm \beta) = \dfrac{\tan\alpha \pm \tan\beta}{1 \mp \tan\alpha\tan\beta}$

$\sin 2\alpha = 2\sin\alpha\cos\alpha$

$\sin\alpha\cos\alpha = \dfrac{\sin 2\alpha}{2}$

$\cos 2\alpha = \cos^2\alpha - \sin^2\alpha$
$= 1 - 2\sin^2\alpha = 2\cos^2\alpha - 1$

$\tan 2\alpha = \dfrac{2\tan\alpha}{1 - \tan^2\alpha}$

$\alpha\sin x + \beta\sin x = \sqrt{a^2 + b^2}\,\sin(x + \varphi)$. $\vec{a}\cdot\vec{b} = |\vec{a}|\cdot|\vec{b}|\cdot\cos\theta$.

升 $1 + \cos\alpha = 2\cos^2\dfrac{\alpha}{2}$ 降 $\sin^2\alpha = \dfrac{1 - \cos 2\alpha}{2}$

$1 - \cos\alpha = 2\sin^2\dfrac{\alpha}{2}$ $\cos^2\alpha = \dfrac{1 + \cos 2\alpha}{2}$

$\vec{a} = (x_1, y_2),\ \vec{b} = (x_2, y_2)$ $A(x_1, y_2);\ B(x_2, y_2)$.

1. $\vec{a} \pm \vec{b} = (x_1 \pm x_2,\ y_1 \pm y_2)$ $\vec{AB} = (x_2 - x_1,\ y_2 - y_1)$

2. $\vec{a}\cdot\vec{b} = x_1 x_2 + y_1 y_2$ $|\vec{AB}| = \sqrt{(x_2 - x_1)^2 + (y_2 - y_1)^2}$

3. $\vec{a} \parallel \vec{b} = x_2 y_1 - x_1 y_2 = 0$. $\cos\theta = \dfrac{\vec{a}\cdot\vec{b}}{|\vec{a}|\cdot|\vec{b}|}$

4. $|\vec{a}| = \sqrt{x_1^2 + y_1^2}$

正: $\dfrac{a}{\sin A} = \dfrac{b}{\sin B} = \dfrac{c}{\sin C} = 2R$ 余 $a^2 = b^2 + c^2 - 2bc\cdot\sin A$.

2角互补 正弦值相等 $A + B + C = 180°$ $s = \dfrac{1}{2}ab\cdot\sin C$

n为奇 $\sqrt[n]{a^n} = a$ $a^{\frac{m}{n}} = \sqrt[n]{a^m}$ $(a^m)^n = a^{mn}$

n为偶 $\sqrt[n]{a^n} = |a| = \begin{cases} a\ (a>0) \\ -a\ (a<0). \end{cases}$ $a^{-n} = \dfrac{1}{a^n}$ $a^m a^n = a^{m+n}$

$(ab)^m = a^m b^n$.

指数函数 $y = a^x\ (a>0$ 且 $a\neq 1)$

$a>1$ $0<a<1$

定域：R 值域：$(0, +\infty)$ 焦点 $(0,1)$
R上单增   R上单减
$x<0,\ 0<a^x<1$ $x<0,\ a^x>1$
$x>0,\ a^x>1$ $x>0,\ 0<a^x<1$

图 4: 学生坚持打卡的照片（三）

在高一下学期期末考试的时候，这个女孩的数学考了 102 分，比班级的平均分还高 5 分，到高二上学期期末，数学成绩已经稳定在 120 分。

三、做题 = 提分？用行动上的勤奋，掩盖思想上的懒惰

经济学中有个词叫"虚假繁荣"，是指：由于人为地制造社会购买力而出现的表面经济繁荣。简单来讲，就是看起来很好，实际上并不是。

学习上也有类似的现象：有的同学每天认真听课，认真做题，看起来很努力，但最终考试成绩并不好。

为什么会出现这种"虚假繁荣"的现象呢？

很简单，行动上勤奋，思想上懒惰！

看似做了很多题，很勤奋，但是要么做的题目都是自己会做、没有难度、根本不用动脑思考的，要么就是题目做完，答案一对，改正一下就没有后

续了。

这两种都是典型的只做题不思考的表现。

一直做自己会做的题目，没有拓展练习，大脑没有产生新的锻炼和思考，对成绩的提高而言没有任何帮助，只是会做的题目做得更快了，不会做的题目仍旧不会。

而只关注题目对错却没有归纳总结，也难以提高成绩。所以我们在做完每一道题目之后，一定要留出 10 秒钟的时间，思考诸如此类的问题：

·这道题考查哪些知识点？

·这些知识点我是否熟练掌握了？

·和这个知识点相关的同类型的题我之前做过没有？

·如果这道题做错了，出错的原因是什么？

·是否需要把这道题抄在错题本上？

·下次怎么样才能避免犯同样的错误？

做题本身没有错，在学习过程中确实需要通过不断练习来加深对知识点和方法的理解及运用。但要想做题有不错的效果，掌握方法、提高效率才是关键。

首先搞定每一个章节的课后习题。

很多同学不喜欢做数学教材上的课后习题，觉得教材是很简单、很基础的内容。实际上，课后习题是教材专家经过反复研究、精心挑选，帮助同学理解相关知识点的最合适的题目。如果我们做了很多题，写了很多试卷，但是连重要的课后练习题都没有做过，那做题的效果从何谈起呢？

所以，课后练习题是我们做题训练的起始点。我们"做题"的大航船，正是从课后练习题这个港湾出发，驶向未来的星辰大海！

写完课后练习题，就要着眼于配套练习或试卷的解题训练。

学校统一订购的试卷一定是经过精挑细选的，应该说是在同类教辅材料中质量较好的。老师亲自出的题目或者挑选的试卷包含着他的心血和智慧，而且他一定会在课堂上抽空讲解这些试题。我们做这类题目，就是在跟着老师的节奏往前走。

这相当于我们"做题"这艘航船刚驶出港湾不久，有一艘舰艇在引导着我们前进。这个时候，我们是有方向感的，不至于搁浅或沉没。

在写完学校或数学老师给定的试题、试卷后，可以买一本与教材配套的试卷。

这种类型的试卷品牌众多，大家根据客观评价挑选即可。需要注意的是，配套试卷不用太多，有一套就足矣。

最后，组编有一定质量的错题集。

我们每天都在做题，课上练习、课后作业、模拟试卷等都会遇到错题，要把错题都记下来，是不现实的。怎么让错题本精简且切实针对自己的漏洞？这就要精选错题——

1.发现错题后，先搞明白，进行订正。

2.用红笔在题号上画个五角星作为错题标记。

拿出一张荧光便利贴，写上当天的日期，粘在错题对应那一页的边缘。

3.过两天复习的时候，重新做这个题，如果能顺利做出来，那就在这个题目后面画一个"√"。

4.如果复习的时候又做错了，说明这个题的确没掌握好，着重对这个题目进行记忆和理解。此时，在这个题目下面打"×"号。

5.过一两周后，再次复习之前的卷子和练习册。如果还是搞不定这道题，那就写入错题集。这样，就不必浪费大量时间抄写错题，而记录下来的错题也具有典型性和针对性。

我在教学中，发现同学做题时频繁出现下列四种情况。

一是只注重做难题。题目的难度需要结合实际学习情况来定。对于基础一般的同学来说，可以重点做基础题，提高做题的准确率和速度；对于基础扎实的同学来说，可以去做一些综合性较强的题目，锻炼自己的思维能力。

二是频繁换题，贪多求全。到底是一套题做几遍好，还是不停地换题、多见些题好？我的建议是：尽量把一套题多做几遍，做透为止。因为题目那么多，我们是做不完的，但知识点、考点和题型、重难点都是固定的，很多题目往往大同小异，那我们为何不把一套题做透了，掌握方法和思路，以不变应万变呢？

三是心血来潮，三分钟热度。有的同学见别人做题，自己也兴致勃勃地去买一本资料，买回来之后就没下文了。任何事情都需要坚持，水滴石穿、绳锯木断的道理，相信大家都理解。

四是把错题集当作摆设。有的同学花费了时间，抄录了错题，之后就锁进了抽屉里不闻不问。对于经过精心挑选的错题，至少要再做三遍，直到真正弄懂为止。

第二章

精准规划:
数学学霸都有
精准的规划

第一节
关于奥数及其竞赛

一、要不要学奥数?

很多家长都问过我一个问题：小学到底要不要学奥数？有的家长和我说："我听到很多专家、教授都是反对学奥数的，认为奥数负面影响巨大。"还有很多家长说："只有天才才能学奥数，普通的孩子是学不了的。"也有家长说："奥数必须得学，不学奥数的孩子到了初中之后没办法成为数学高手，我们隔壁邻居家的孩子考上清华了，就是从小学奥数。"有家长反驳："你说得不对，我同事家孩子上了北大，也没学过奥数。"……

这不禁让我想起了"小马过河"的故事：同样一条河，大象可能觉得水很浅，小松鼠却觉得已经是深渊了。为什么对同一个问题大家会有不同的答案呢？因为每个家长站的角度、每个同学未来的升学方向以及学习能力都不一样，所以答案不同。我相信上面每个答案都有赞成和反对的声音。

那小学到底要不要学奥数呢？我们需要从升学规划倒推决定，如果大学准备学习艺术、体育等特长类型的专业，那奥数是没有必要学习的。如果希望通过常规的中考和高考升学，奥数学习则是有必要的。

关注高考的同学们都知道，2022 年的高考数学难度非常大，而且教育部考试命题中心专家也表示，要发挥数学科目高考的选拔功能。这已经释放出了一个信号：高考数学的难度会加大很多。高考题主要难在两个方面：一是题目的灵活度，二是题目的复杂度。

灵活度指的是解题的思路不好想，很多同学不会做题都是因为不知道怎么入手，高考题对同学们的思维能力要求很高。

复杂度指的是解题的步骤特别多，一道大题的解题步骤达到几十步，能写满答题卡。数学和语文、英语不一样，像语文、英语作文题，如果你写错一个字、一个单词，只扣 1~2 分，完全不影响后面答题和得分，但数学不一样，如果有一步错了，那后面的分数你都拿不到了。所以数学对同学们的过程书写能力要求很高。

学习奥数可以帮助同学们提升数学思维，奥数题的复杂度比普通数学题要大，也可以培养同学们的过程书写能力，这些能力是初高中数学学习必备的。

小学奥数大致可以分成七个专题：计算、应用题、几何、行程、计数、数论和组合。前六个专题中一部分知识点和初高中衔接非常紧密，另一部分和组合专题则属于纯奥数的内容，纯奥数一般难度比较大，和初高中衔接也不紧密，题目类型也相对独立，一般在奥数杯赛中出现比较多，这部分内容经常被我们称为"偏难怪"。

那前六个专题中有哪些知识点和初高中的学习有衔接呢？

计算专题中会讲到整数、小数、分数的巧算以及四则混合运算技巧，这些内容对初一学好计算特别有帮助。很多同学一到初一遇到有理数和整式的加减运算，就算得一塌糊涂。这就是因为小学没有打好基础。此外计算专题中也会讲到等差数列、裂项、换元等重要方法，而2022年全国高考数学乙卷理科卷第4题就完全可以用换元法来轻松解题。

应用题专题其实是用来锻炼同学的逻辑思维能力的。这是初高中解决大题的必备能力。而且应用题专题还涉及一元一次方程、二元一次方程组和不等式方程等，对初中应用题的学习非常有帮助。

几何专题对初中学习几何特别有帮助，很多同学到初中学几何的时候，尤其是对于那些需要做辅助线的题目，根本无从下手，不知道怎么解题。其实出现这种情况不是因为同学能力差，而是因为小学的 12 本数学教材当中，几何的篇幅特别少，而在初中，几何几乎占据了半壁江山。所以说如果在小学只学课内知识，那几何水平就会比较薄弱。这个时候就需要用奥数当中的几何来进行补充。

行程专题也是非常重要的，初中第一个学期的压轴题是动点问题，它的本质就是行程问题。动点问题主要考察动态分析的能力：随着数轴上点的运动，线段长度或者面积发生变化。行程专题锻炼同学过程化思维和动态分析能力。

计数专题本质上是在培养同学们分类讨论的能力，这个能力对初高中的学习非常重要，初高中不只压轴题，很多选择、填空题都有多个答案，需要分类讨论，所以说分类讨论的能力贯穿了整个初高中的学习。

最后再说说数论专题。数论是奥数的灵魂，它是代数的前身。什么是代数？就是用字母代替数字。很多同学算数可以，但是一旦题目里面出现字母，就晕头转向。初中整式和分式的计算就经常需要用字母来表示数字，如果代数思维不强，那在学习的时候就会遇到困难。数论专题能夯实大家用字母代替数字的思想。

由此看来，小学奥数前六个专题中和初高中有衔接的知识是一定要学习的。那些和初高中关系不大的知识，也就是我们说的纯奥数的知识要不要学呢？如果想参加奥数杯赛，那就可以学。如果不参加奥数杯赛，不学也无关紧要。

总而言之，奥数的知识是有分类的，学不学、学什么完全看自己的需求，不是一定要学，而是要根据自己的情况来决定。对于顶尖学霸而言，所有的奥数都要学。对于数学成绩一般的同学而言，学习和初高中衔接的奥数专题就可以了。有的同学可能课内知识都学得吃力，那我不建议你去学奥数。这样的同学需要先把课内问题解决，等到课内没有问题了，就可以在此基础上去学习和初高中衔接的奥数知识。

二、正确的奥数学习方法是什么?

相信大家现在对于奥数都有了更加客观清晰的认识，那到底应该怎么学奥数呢? 接下来给大家讲解一下正确的奥数学习方法。

大多数同学在学奥数的时候都走了弯路，主要有这三种类型：

第一种：学习难度和自身能力不匹配

在低年级的时候，就学超出其能力的奥数，特别是那些没有任何奥数基础的同学，跟着有奥数基础的学，这样往往会伤害自信心。

我在海淀区教学时曾经遇到过一个六年级的学生，他没怎么学过奥数。我当时感到非常震惊，就问他妈："怎么没提前给孩子规划奥数学习呢?"

这位妈妈告诉我，其实孩子上小学一年级的时候就学过奥数，而且还是在特别有名的机构，跟着一位特别有名的老师，但是班里很多同学水平非常高，而且这个班的教学进度也很快，基本上每次上完课他都哭丧个脸，把自信心搞没了，后来就一直没有再学奥数了。

这个故事告诉我们，在规划奥数学习的时候，千万不能一上来就超出接受能力，否则我们连学习的兴趣都可能失去，更别谈未来的数学学习了。

第二种：学奥数仅仅是为了参加竞赛

很多家长会认为：我的孩子不参加竞赛，奥数就别学了吧。这个观点是错误的。学奥数的目的绝对不只是参加竞赛，奥数其实就是课内数学的延伸，里面有很多内容和小、初、高数学是极为关联的。对于大部分同学来说，学奥数的目的应该是培养数学思维，让自己有一定的解决难题的能力。

此外，学习奥数还可以帮助同学们应对小升初的分班考试。有些中学会分实验班和普通班，这两种班型最大的差别，就是教学进度——实验班教学进度更快，对同学的思维能力要求更高。思维能力怎么考察？当然就是通过奥数水平进行判断，所以一些重点初中的分班考试都会考奥数。

第三种：奥数只适合聪明的人学

很多家长都认为只有聪明的孩子才适合学奥数，自己家孩子不聪明，学不了奥数。

这其实也是一个思维误区。很多聪明的人并不是天生的，而是后天训练出来的。学习奥数的过程，实际上就是不断训练思维的过程，我们可以从简单的奥数开始学习，不断训练，慢慢思维能力强了，再挑战更有难度的内容。

有个学生的家长是宁夏当地的小学教师，他让上小学二年级的孩子跟着我学奥数，一个月后，他给我发信息说，孩子学了奥数后脑子灵光了。

这说明，他不是因为聪明才学奥数，而是因为学了奥数才变聪明。

要如何避开此类思维误区，并且科学地学习奥数呢？

学习奥数可以用八字箴言来概括：循序渐进，由浅入深。据此我为同学们把奥数做了区分，分别是浅奥、中奥和深奥。

浅奥是指那些好玩有趣的奥数知识，是在课内的基础上有所拓展，既能够锻炼思维能力，又不会让学生有畏难情绪，特别适合奥数的初学者。

中奥是奥数的核心。这一部分内容比较适合小学中、高年级的同学。这些知识点和初、高中衔接非常紧密，不仅能够提升思维，帮助同学们更好地应对小学的课内学习，还能帮助大家预先感受初高中压轴题的逻辑。

中奥可以分为计算、应用题、几何、行程、计数和数论等六个专题，里面很多知识点都是数学的核心。如果未来想考入重点初中的实验班，想成为数学高手，在未来中、高考考试中得高分，中奥是一定不能错过的。

和浅奥、中奥相比，深奥就是非常有难度的了，很多家长不敢让孩子学奥数，其实是不敢让孩子学深奥，深奥里基本都是纯奥数的内容，知识点相对独立，和小、初、高的课内关联性不是很大，非常考验同学的思维能力。所以很多同学一看到深奥就特别害怕。学习深奥的目的其实是应对奥数竞赛的，如果你想竞赛得奖，那一定要学深奥。

奥数不像数学课程那样有标准的体系。所以市面上的奥数培训产品，质量良莠不齐。有的学习难度很高，只适合极少部分的学霸；还有的非常简单，只比课本稍微难那么一点，学不到什么真本领。

所以挑选培训产品至关重要。对大部分同学而言，如果想轻松地接触奥数，一步一个脚印地往上学习，甚至具备参加竞赛拿奖的水平，那就一定要按照浅奥、中奥、深奥的顺序进行学习。

三、要不要参加竞赛？

关于竞赛，一直众说纷纭，有人说它是激励学习的神器，也有人说它增加了学习的负担。其实对于竞赛，每个人都有不一样的理解，因为每位家长的需求不一样。

我们以小奥杯赛为例来剖析。小奥杯赛最开始兴起是在择校时代，小升初进程中，它扮演着非常重要的角色，很多名校会看学生的简历，如果拿到了"华杯赛""希望杯""数学解题能力展示"等奥数大赛的一等奖，重点中学的实验班就会主动把这类学生招至麾下。

这虽然有利于升学，但毕竟奥数竞赛的难度是非常大的，相比校内课程和普通奥数，可以说是两个完全不同的体系。

小学阶段，很多家长为了升学择校，不管三七二十一，让孩子加入奥数的学习中，导致很多学生听不懂，基本是左耳进右耳出，不仅浪费时间，还把数学学习兴趣都消磨没了。

学奥数和参加竞赛是两码事，学奥数是长线，参加竞赛是短线，我们要理性看待。

如果你是顶级学霸，对数学有着极为旺盛的兴趣，奥数竞赛是一定要参加的。

如果你资质普通，平时数学成绩马马虎虎，那就尽量不参加，如果因为心理敏感而信心受到打击，那就得不偿失了。

这里向大家分享3个案例，让大家对是否要参加奥数有一个更直观的了解。

首先是一个顶级学霸的案例。这位同学来自北京海淀区，家长的教育意识很强，孩子六岁时就开始让他学习奥数，在学奥数的过程中，他表现出了很高的数学天赋，到小学三年级，就已经把小学奥数的全部内容学完了。而且，从小学一年级下学期开始，他就已经在跨年级参加各类杯赛考试了，拿到的一等奖、二等奖数不胜数。

同学妈妈跟我说，孩子平时在家里特别喜欢研究数学，无论是讲数学史的书还是锻炼思维的题目都喜欢看，平时遇到比较难的题目，还特别喜欢钻研。这样的学生天生对数学有兴趣，也有能力和思维去解决比较难的数学题，他不仅能在小学的奥数比赛中取得好成绩，未来非常有可能代表自己的城市，甚至代表我们的国家参加更高级别的比赛。

第二个案例是我儿子。虽然我是数学老师，但是我儿子并不是数学学霸，也不是那种爱钻研的学生。我在给他报名比赛的时候，没有选择特别难的比赛，也没有跨级。而且我不断给他解压：无论考成什么样，你都是非常棒的，你敢去挑战就已经非常优秀了。

在准备比赛的过程中，他也会遇到一些让他皱眉头的难题。我告诉他："做不做得出来不重要，重要的是你要敢于研究，敢于克服自己。"他在解题的过程当中也的确体会到了挑战难题的乐趣。

我儿子并不是数学学霸，比赛成绩最高也只拿到二等奖，但是他很享受这个过程。这是我作为家长特别想看到的。

最后一个案例是我朋友的孩子。他的孩子在海淀小学上六年级。我朋友的教育意识很强，孩子从一年级就开始学习奥数，一开始学得还挺好，孩子也挺有干劲，每次课后的作业都会主动完成，如果某一次老师留的作业全做对了，那孩子一整天的心情就特别好，家长给布置额外的学习任务就特别愿意完成，比如多背几个英语单词，多背几篇古诗，配合程度很高。

但是这样的状态仅仅持续了两年，从三年级开始，孩子说什么都不愿意去上奥数班了，一开始我朋友以为是孩子不喜欢这个老师了，就换了老师，但还是不行，不管他怎么哄，孩子就是不学了。

其实态度的转变是有原因的。小学二年级下学期的时候，我朋友给孩子报名参加了一个奥数比赛，难度比较大，孩子在准备比赛的时候就比较吃力，最终考试结果也不好，什么名次也没拿到。从这个时候开始，孩子对奥数就开始有点排斥了，但是没有表现得特别明显，到了三年级，就彻底爆发了，表示再也不学奥数了。朋友跟我说他非常后悔。

其实这个同学就是典型的情感比较丰富、内心比较细腻的孩子。他本身成绩很好，基本上每次考试都是班级前三名，也从来没有遇到过挫折和失败，突然在奥数比赛中跌了跟头，就开始自我怀疑了，总觉得自己不如别人，畏难情绪上来了，选择逃避，退缩到自己擅长的领域，这么一来，学习奥数变成了一个证明自己不如别人的过程。

每个孩子性格不同，是否参加竞赛也没有一个统一的评判标准。

总的来说，小学中低年级的时候，抱着尝试的态度去参加就可以。家长要告诉孩子，过程比结果更重要。无论结果好坏，都要给他加油，就算答零分，也要告诉他爸爸妈妈以你敢于尝试为荣，然后一起复盘，做好下一步的学习规划。

而初中竞赛的核心作用就是为高中竞赛做准备。如果同学对数学竞赛有兴趣，且学有余力，想通过竞赛走自招，甚至保送这条路，我建议多参加初中竞赛。

高中竞赛相比较小学、初中的比赛，是少数人的游戏。如果家长想让自己的孩子参加高中竞赛，以下这两个问题必须想清楚：

1. 数学功底是否扎实。

初中学过竞赛知识，至少获得一个奖项。这是对功底扎实的量化。竞赛没能获奖或者压根就没参加过数学竞赛的同学，老师不建议在竞赛上下功夫。高中参加竞赛最后保送大学的同学，基本上是一路从竞赛中成长起来的。

2. 是否能考进当地重点高中的实验班。

高中竞赛不像小学奥数，自己报考前辅导班就能学好，它需要有专门的学习氛围和时间，所以高中竞赛一定是在学校学习；高中竞赛是高中和高中之间的竞赛，跟升学直接相关，所以很多高中都是自掏腰包，专门为实验班的部分同学开设单独的竞赛辅导班，并且从校外聘请专业的竞赛教练。

高中竞赛一定是给学有余力的同学准备的，很多同学准备高考都已经非常吃力了，根本无暇顾及竞赛。

　　如果同学真的想参加高中数学竞赛，那最好从初中就开始准备。

第二节
数学的年级壁垒有多大?

一、为什么小学和初中之间的壁垒这么大?

很多初中生家长经常会问我一个问题:建宇老师,我家孩子小学每次数学考试基本上都是满分,为什么到了初中之后,这几次考试都只考了70多分,连90分都达不到了呢?我告诉他:这种情况非常常见,小学数学和初中数学之间的差距很大,知识量、难度和学习方法截然不同,根本就不是一个量级。很多同学到了初中还在用小学的模式去学习,那肯定是学不好的。

接下来我从知识量、难度和学习方法三个方

面给大家分析一下小学数学和初中数学学习的不同。

知识量

小学阶段以基础知识为主，虽然学习时间比初中多 3 年，但是知识量远比初中少，在小学低年级，学数学主要是打基础，扎实计算能力。小学课本中，约 50% 的篇幅是计算，30% 是应用，20% 是简单的几何知识。

到了初中，不仅代数方面有很多知识点的扩展，几何方面也增加了很多内容，除此之外还增加了概率统计方面的知识。初中每个章节的知识量是小学章节知识量的五到六倍。

比如小学五年级会学到分数，分数的基本概念、通分、约分这些知识点占了一个章节的篇幅，分数的加减乘除还要额外用一章学习，仅仅是一个分数的知识，就要用两到三章讲解。但是在初中数学课程设计中，一个有理数的章节就包含了正数、负数、有理数、相反数、数轴、倒数、负倒数、科学计数法等知识点。

由于有中考的要求，很多学校会把三年的课程进行适当的压缩，以留出更长的复习时间来备战中考。

因此，初中相对小学来说，一个学期要学习和消化更多新的知识，能力要求方面也进一步提高。

难度

小学数学的学考是一致的，到了初中，学考逐渐开始不一致了。

小学学数学，老师上课怎么讲，考试就怎么考，只要把上课的内容掌握好，考试考 90 多分，甚至考满分都比较容易；但是到了初中，就算上课好好听讲，把老师上课讲的内容都听懂了，考试的时候依然会有一部分题目你从来没见过，老师也从来没讲过。

在小学数学中，我们会学到自然数、小数和分数。升入初中后，我们遇到的第一个难题就是负数。首先，数系扩大了，不再是简单的自然数的加减乘除了。其次，运算变复杂了，由于加入了负数，很多题目需要加括号，很多同学在添去括号上非常容易出错，而且负数在乘除运算中还要变号，这些都是易错点，如果没有熟练掌握，考试时很容易丢分。当我们终于越过了"负数"这座高山，绝对值、相反数、数轴、有理数、无理数、实数等知识接踵而至，可谓难上加难。

小学阶段，同学们数学考试中丢分的原因主要是不细心。到了初中，同学们开始出现对很多知识点不理解的情况。有些同学上课就已经听不懂，更别提考试拿高分了。而且初中的数学知识还有一个特点，就是连贯性非常强。所有内容都是"穿"在一条线上的，如果有理数没学明白，那在学习实数的时候也会遇到问题；如果实数没学好，那在学习整式的乘除与因式分解时，还会遇到问题。再比如代数，我们会学到一次函数、二次函数、反比例函数等，想学明白这些函数，第一个需要弄明白的就是平面直角坐标系，因为所有的函数都是建立在平面直角坐标系中的，如果平面直角坐标系没学明白，那在学一次函数的时候会遇到问题，更别说高中要学的指数函数、对数函数等等。

相比小学数学，初中数学在几何方面也大幅增加了难度。初中数学出现了一类小学没有的题型——证明题，一般初一下学期就会接触到这类题目，初二上学期开始大规模深入考查，基本上10道考试大题里面有8道都是几何证明题。

几何证明题主要考察同学们的逆向思维。比如说想要证明"两条线段长度相等"，得从结果倒推，从题目中找条件。

我们要先思考，之前学过的哪些概念是可以证明线段长度相等的：等腰可以、全等可以、平行四边形也可以。接下来再思考：如果要证明等腰、全等、平行四边形，需要哪些条件。然后再到题干里寻找，看有没有已知的条件，如果有，就可以把条件和结论联系起来了，题目也就能做出来了。

几何问题除了难在逆向思维以外，还有一个难点——辅助线。

在数学思维中，几何辅助线属于建构思维。说得通俗一点儿，就是无中生有：本来没有线，我们需要构造出一条线来帮助我们解题，如果不画辅助线，这道题就解不出来。

很多同学在初中遇到三角形、全等三角形等几何题目不会解答，实际上并不是知识本身有多难理解，而是因为辅助线不会画。

此外，小学的数学考试当中也没有压轴题这个概念，最后一题难度也不大，但是到了初中，最后一道题就成了压轴题，是整张卷子的一个难关，这也是很多同学数学成绩一直无法从85+突破到95+的原因。中考数学试卷中，有时最后三道题都是压轴题，难度都特别大。

压轴题的出现，直接拔高了初中数学的难度。

很多家长认为：我家孩子小学数学每次测试都能考

100，做初中压轴题还做不出来吗？还真做不出来。小学能考100分并不代表解决难题的能力强，只能说学习很扎实，很细心。

这就是为什么很多同学，一上初中成绩就下滑，突然从首屈一指变得平平无奇。

学习方法

我一直倡导数学要按照预习、听讲、笔记、复习这样的步骤来学习，但是很多同学小学阶段并没有养成这样的习惯。这并不是因为同学们懒、家长管得不严，而是由小学数学的知识结构决定的。

为什么这么说？小学的数学知识相对比较简单，同学们不必严格遵守这样的学习步骤，也能把数学学好。但是到了初中，要求就完全不一样了。知识的难度变大了，每个章节的知识密度也变大了。如果同学们还是只靠上课听讲，而没有完全理解，就会导致知识掌握得不扎实，考试的时候不会举一反三。

所以，到了初中，要想学好数学，上课之前必须提前预习。

也许有家长会担心如果提前预习了，万一上课不认真听讲怎么办？

其实，是否提前预习，和上课是否认真听讲之间没有关联。

预习是一个发现问题的过程，课前提前知道了自己不懂的地方，在上课的时候，就可以有针对性地关注授课内容，也就是带着问题去听课，这样效果会更好。

同时上课还要认真记笔记，而且，记笔记不是为笔记本服务的，是为复习服务的。

课上记笔记，要的不是一个排版精美、字体工整、面面俱到的笔记本，而是为了在课下复习的时候，能一眼看到重难点和易错点。所以在做笔记的时候，不能只追求表面的精美，更要追求内在的"精美"。

放学回到家的第一件事，一定不是直接写作

业,而是打开课本和笔记,把老师上课讲的知识点、例题从头到尾复习一下,然后把笔记本和课本都合上,再去写作业。这样学习效率更高。写完作业之后,再去预习第二天讲的内容,这就形成了一个学习闭环。

初中数学必须按照这样的学习步骤来学习,效果才会好。

二、初中三年的差距为什么这么大,应该怎么过渡?

有这样一句话在初中生家长圈中流传甚广:初一不分上下,初二两极分化,初三天上地下。

为什么会有这种情况发生呢?首先,初中三年每一学期的学习内容和重点知识都更加抽象和复杂;试题类型从简单直接到需要深入思考,需要灵活方式转变,这就要求学生在抽象思维和逻辑思维两大能力上具备更高水平。

例如一元一次方程从直接计算到应用题中的未知数设元；一元二次方程进阶指数运算，还需要掌握平方公式的展开等等。每前进一步，都需要用前面积累的知识改造思维。

除了课程难度逐级递升外，还因为科目的增多导致学习时间紧张。

初二增加了一个特别重要的学科——物理，挤占了主科的学习时间。全国很多省市在初二结束的时候还会进行生物、地理的会考，这无形当中又牵扯了同学们的精力。到了初二，数学的难度提升上来，但是能够用到数学上的时间又被挤占了，基础弱的同学更难跟上，所以才会出现两极分化的现象。

到了初三，授课学科又增加了化学。科目压力和备考压力进一步增加，很多同学就会顾此失彼，学习情况会出现天上地下的现象。

如果不想出现两极分化的情况，初一这一年一定要做好三件事。

第一件事，把预习、听讲、记笔记、复习这样的一个学习闭环培养出来。

初一的课业量还没有那么大，我们是有时间培养学习习惯的。如果等到初二课量特别大了，再想去培养，那是根本不现实的。

第二件事，把计算能力培养出来。

很多同学在小学的时候不是很重视计算能力的培养，导致初一的时候计算问题一大堆。如果初一再不把计算能力锻炼出来，以后就更没有时间和精力了。

如何解决计算的问题，会在后面的章节详细讲解。

第三件事，利用寒暑假做好系统性梳理。

寒暑假时间比较长，也是注意力容易集中的时期，同学们应该好好规划，对已学和未学的知识进行梳理，夯实基础，掌握重点。提前发现难点，能为接下来的学习减轻压力。

比如说在初一的寒假，我们必须复习初一上学期的全部知识，对核心重点查缺补漏，然后再针对初一下学期的前两三个章节进行预习。在初一升初二的暑假，我们一定要定好接下来的学习任务和目标，重点针对初二上学期的内容，特别是几何和函数进行预习。

如果我们能在初一把上面三件事情完成，就不会在初二被两极分化到下一层级。

到了初二，必须学会时间管理。

科目多了，就一定要理清楚哪些科目是优势科目，哪些科目是薄弱科目。还要搞清楚当地有没有会考，如果有，那要优先准备会考的内容，其他学科为会考让路；如果没有会考，那重心必须放到数学、语文、英语和物理上，一定要规划安排好时间，集中精力在薄弱科目上做突破。

初二升初三的暑假也至关重要，早、中、晚分别做什么，在每个科目上花费几个小时，巩固和预习的时间如何分配……一切问题都需要同学乃至家长认真应对，排兵布阵。

初三上学期增加化学这一学科，物理也变得更难，所以要让自己有足够的时间花在物理和化学上，保证我们中考的总分。

如果能做到上述三件事并做好时间管理，自然就不会出现初二的两极分化以及初三跟不上的情况，顺利拿下中考。

三、初、高中差距为什么这么大？应该怎么衔接？

初中数学学霸到了高中变成了学渣，这种现象在近两年非常普遍。我见过一个学生，中考数学满分100分考了99分，成绩非常漂亮。但是到了高中第一次期中考试，数学150分满分才考90多分，刚刚及格。这种情况屡见不鲜。

很多家长都认为初中数学好，高中数学一定好，这是一个非常错误的观点。

初中数学和高中数学之间差异是非常大的，主要体现在以下几个方面。

第一个方面：中、高考考查侧重点不一样。

初中数学和高中数学都分成了代数、几何和概率统计这三大板块，但是初中数学的难点在几何，特别是几何辅助线内容，中考的压轴题当中，一般几何压轴题出的可能性比较大。但是高中数学考察的重点是代数，很多同学说解析几何也是高考的重点，但实际上解析几何不完全属于几何的范畴，它是把几何图形放到了坐标系上，是用方程的形式来表示几何图形，我们可以看到课本上章节的名称，"直线与圆方程""圆锥曲线方程"后面都有"方程"两个字，这完全属于代数的范畴。高考必考的导数、数列，也都是代数的范畴。

第二个方面：初中数学和高中数学的定位完全不同。

初中数学其实是小学数学的延伸，小学和初中加在一起完成的是九年义务教育的教学目标，初中数学中的代数、几何、概率统计等很多内容是比较基础的。

但是高中数学包含了集合、函数、不等式、三角函数、向量、立体几何、解析几何、导数等内容，属于大学高数的预科内容。

初中数学的定位是让大部分同学能学懂，一部分同学得高分甚至满分。但是高中数学大部分同学已经学不懂了，得高分的只是极少部分，得到145分以上甚至冲击满分的可以说是凤毛麟角。因此，高中数学在高考中起到的是选拔性的作用，这是语文、英语这两个学科做不到的。

第三个方面：初中数学和高中数学的难度不是一个级别的。

初中数学的第一个章节一般是"有理数"，有理数的四则混合运算，用的运算律是小学学过的，可以说这部分属于小学内容的延伸。高中却截然不同，高一上学期的数学就已经非常难了。第一章"集合"难度还适中，但是从第二章"不等式"开始，难度一路飙升，可以说是断崖式增大，而且高中题型变化太多了。就"基本不等式"这一个概念，光是"求最值"的题目，考法就有不下 20 种，初中能够靠做题实现成绩提升，但在高中根本就行不通，所以很多同学本来初中成绩还不错，到了高中成绩一落千丈。

第四个方面，初中数学和高中数学的学习方法截然不同。

初中数学的知识点没那么深，依靠大量做题就可以把分数提上来。很多初中学生学数学，都是在模仿老师的解题思路，甚至是机械地背题。这种方式看似死板，但是在考试中确实有一定的用处，中考的题型基本是平时同学们遇到过的。

但是靠题海战术成功升学的学生，到了高中成绩非常有可能大跳水。高中数学要求学生对知识点掌握得特别透。高中数学的考题也特别灵活，高考数学试卷中很多题目都是同学们平时遇不到的。

这都要求学生把知识点深挖。知识的各种应用场景都要熟练掌握，而且要会举一反三，这对同学们的数学思维灵活度要求极高，思维发散的同学特别受益。

基于以上几点差异，初中数学成绩好的同学到了高中数学成绩未必还好。如果我们想初、高中数学都能非常好，一定要抓好以下三点：

第一点，计算基本功。无论是初中数学还是高中数学，对计算的要求都非常高，很多优秀的同学费尽千辛万苦在考场上把解题思路想明白了，但是最后因为计算错误丢分，这就特别可惜了。

第二点，每一个知识点都要学扎实。数学的知识点前后都是有衔接的，前面的知识没学扎实，后面的知识根本就学不会。比如初中平面直角坐标系没学扎实，那后面的一次函数和二次函数就学不好。到了高一，函数不可能学明白，高二的导数就更学不懂了，高考有 30 多分肯定拿不到。

第三点就是解决难题的能力。这是成为数学学霸的必经之路。那如何提升解决难题的能力呢？核心在"试"。很多同学往往不敢做难题，不愿意做难题，自己给自己设限，但其实难题的前几问往往都是比较简单的。先把目标放小些，比如这周只解决难题的第一问，下一周再解决第二问，再用两周时间集中攻破最后一问，这样慢慢就能锻炼出解决难题的能力了。

第三章

横向看数学之
代数怎么学？

第一节
代数架构和代数思维

一、什么是代数？

代数是研究数、数量、关系、结构与代数方程几种问题的解答方法及其性质的数学分支。初等代数一般在中学时讲解，介绍代数的基本思想，研究当我们对数字做加、乘运算时会发生什么，了解变量的概念，以及如何建立多项式并找出它们的根。

代数之所以难学，是因为它的研究对象不是简单的数字。比如我们在小学学习加减法的时候，都是学习具体数字的加减，像5+6=11、17-9=8等等，但是随着年级升高，我们还会学到字母的加减，也就是整式的加减，如 $5a+6a=11a$、$17b-9b=8b$，我们削弱了"数字具体等于几"这个概念，而变成更加强调"关系本身"。

代数，简单来说就是用字母来表示数。我们可以用具体的题目来说明。

仔细看一看，想一想它们分别表示几？

● + □ + ● + □ = 20

□ + ● + □ + ● + □ = 25

□ = （　　）　　　　● = （　　）

这是一道小学二年级的题目，题中是用图形符号来表示数字，这就属于代数的范畴。

想一想，竖式中的汉字各代表几？（"数"和"学"表示不同的数字。）

$$
\begin{array}{r}
数\quad 学 \\
+\quad 学\quad 数 \\
\hline
5\quad 5
\end{array}
$$

题中用汉字表示数字,当然也属于代数的范畴。

我们在小学的时候还遇到过这样的题目:

A、B 的和是 20,A、B 的差是 8,请问 A、B 各多少?

这也是代数。

我们还做过这样的题目:

天平左侧有 2 个苹果,右侧有 4 根香蕉,问一个苹果的重量相当于几根香蕉?

这也是代数。

通过以上示例不难看出,在代数思维中,不光字母可以表示数字,文字、图形都可以表示数字。

其实生活中经常会用到代数思维，比如，我问你："一根香蕉加两根香蕉等于什么？"你马上能得出答案，三根香蕉。在这个问题里面，我们就是用香蕉来代替数字的，香蕉变成了单位。此外，在没有货币之前，大家都是用一个东西去换另一个东西，这样物品能流通，但是很不方便，有了货币，就有了统一的标准，流通就变得更顺畅了。比如把一根香蕉的价值定为1元，那么"一根香蕉加两根香蕉"的问题，就变成了1元加2元的问题，这样就很好理解了。

现在世界上的货币有很多种，人民币、美元、欧元、日元等等。在这些货币里，最特殊的就是欧元。欧元是欧盟成员国的通用货币，也是使用范围最广的货币之一。欧盟为什么要推出统一的货币呢？简单来讲，就是为了欧盟成员国之间的商品流通更方便，促进成员国之间的经济发展，要不然大家的交易需要用马克换法郎，用法郎换里拉，像是用苹果换香蕉，用香蕉换水蜜桃一样，麻烦很多。就像数学中，我们总是用字母来表示数字，因为字母最简单方便，要是用汉字、图形的话，就复杂很多。

再回到香蕉问题上：1 根香蕉加 2 根香蕉等于 3 根香蕉，如果我们用字母 a 来代替香蕉，就变成 1 个 a 加 2 个 a 等于 3 个 a。这样描述还是有点复杂，还可以再简化。在数学中，我们一般规定：数字和字母相乘，中间要么写 "·"，要么就省略不写，如果数字是 1，这个 1 也可以省略，也就是 1 个 a 可以写成 "a"，"2 个 a" 写成 $2a$ 或者 $2·a$，这样，我们就可以进一步简化为：$a+2a=3a$。

小学五年级的简易方程，就是用字母 x 来表示未知数，用 x 和用 a 来表示没有区别，我们更倾向于用 "x、y、z" 这些比较靠后的字母，来表示暂时还不知道的数字，也就是未知数或者变量；用 "a、b、c" 这些比较靠前的字母来表示已经知道的数，又叫作常数或者常量。

常量和变量存在明显的区别。我们在解方程的时候，如果写成 $a=x+1$，那就表示方程的解还没有算出来，但是如果写成 $x=a-1$，那就表示已得出方程的解。虽然这两个式子看起来差不多，但是，我们通常要求你把变量 x 写成用常量 a 表达的方式。此外，在题目里一般也会标明"关于 x 的方程"，就是在提醒你，要写成"$x=××$"的形式。

同学可能会有疑问，$x=a-1$，那 a 具体是几也没说呀，怎么能算是把方程解完了呢？

这个问题很好理解，我们把字母想象成货币单位，比如 2 欧元 +3 欧元，那不就是 5 欧元吗？"欧元"到底是多少，不用深究，保留即可。我们可以很容易就把规律总结出来：保留字母，相同字母前的系数相加减。虽然结果仍然不是具体的数字，但是没关系，算式已经被我们化简到极简的状态，这就足够了。

学习了整式的加减运算，就意味着我们的代数学习上了一个台阶。

有的同学可能又会问：既然字母都算不出来，那为什么要研究这些字母之间的关系呢？

这就是不懂数学了。有关系意味着会发生变化，而变化本身是多样的，可以笼统地讲，代数就是研究变量之间的关系。这里举个例子帮助大家理解。

假如你现在是一家服装店的老板，开店肯定是为了挣钱，那利润跟什么有关系？

我们都知道，利润＝售价－进价，如果把单个产品的价格调高，这样每卖出一件衣服，我们挣得的利润就更多。卖出的衣服越多，我们就越赚钱。

那么，既然商品价格越高赚钱越多，卖出商品数量越多赚钱越多，我们是不是就可以把店铺堆满不同类型的衣服，然后把衣服的价格都定得高高的，这样不就可以躺着挣钱了吗？

这听起来很完美，实际上却不可行。假设你正在逛街，街对面有两家服装店，你看上了一件衣服，两家都有，质量也差不多，甲店卖100元，乙店卖150元，那你肯定会选择在甲店买。所以我们知道，如果商品价格定得太高了，客户肯定都不来消费了。

此外，假如甲店的衣服物美价廉，但是进货进得太多了，店里面特别拥挤，无处下脚，根本没法进到店里挑选衣服，但是乙店店面宽敞，每一件衣服都陈列有序，那你肯定就不会去甲店，也不会知道甲店的衣服更便宜了。

我们刚才只考虑了商品的变化因素，没有考虑客户的变化。其实，来店铺的客户数量和商品的价格是有关系的，商品越贵，来的客户越少；商品越便宜，来的客户越多。

现在，这个等式关系我们知道了，但是仍然没有用。因为这个算式无法告诉我们到底把商品价格定在多少才最赚钱。

因此，我们还需要继续分析下去。要想得出这个问题的正确答案，只有全面掌握了初中代数的内容以后才能解决。很多二次函数的题目，就是给出一些条件，求取最大值，比如下面这题：

某商店售卖一款篮球，已知每个篮球的成本

价为 15 元，市场调查发现：篮球每天的销售量 y（个）与销售单价 x（元）有如下关系：$y=-2x+60$（$15 \leqslant x \leqslant 30$），设篮球每天的销售利润为 t 元。

（1）求 t 与 x 之间的函数关系式；

（2）篮球销售单价定为多少元时，每天的销售利润最大？最大利润是多少元？

这就是为什么数学总是围绕着字母折腾——这些字母所代表的，都是日常工作和生活中的某个数量。它可能代表利润，也可能代表客户数；可能代表速度，也可能代表路程；可能代表亮度，也可能代表电量。

总之，生活和工作的方方面面，都充满了变量的相互作用，我们只有认识了它们之间的关系，才能更好地工作、更好地生活。

二、代数都学什么?

初中代数的内容主要由这五大板块构成：数、式、方程、不等式和函数。

代数要处理的是一系列由字母、数字和加减乘除等运算符号组成的算式。说到数字，就不得不提到数系的扩充过程。

在小学，我们会依次学习整数、小数、分数；到初中，会学有理数、无理数、实数，在高中还会学虚数……各类型的数之间看似毫无关联，实际上层层递进。初中的数系，在一定程度上，是把小学学过的数进行拆分重组后得到的。

我们可以把小数拆分为 3 类：有限小数、无限循环小数和无限不循环小数。其中前两个都可以转化为分数，比如 $0.1=\frac{1}{10}$、$0.\dot{3}=\frac{1}{3}$，但是无限不循环小数很特殊，它不能转化成分数，也就不属于有理数范畴，所以就产生了一个新的概念"无理数"。无理数和有理数统称为实数。比实数范围更大的则是复数。

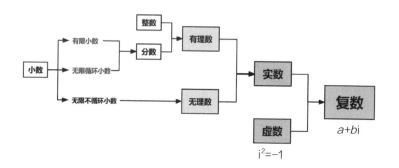

小学数学我们学的是算"数"，初高中接触了代数之后，就由算数扩充到算"式子"了。首先我们要弄明白：代数算式包含哪些内容。

代数的知识架构可以通过三种方法分类：第一，按等号、不等号分类；第二，按变量的个数、次数分类；第三，按照运算规则分类。

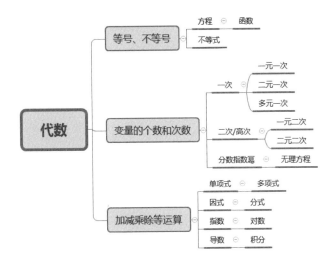

如果把算式按照等号或大于号、小于号来区分的话，可以把算式分成等式和不等式，含有变量的等式则叫作方程。函数也是由方程演化出来的。函数如果再细分的话，还可以分为一次函数、二次函数、反比例函数等类型。函数与方程、不等式经常是结合在一起考察的，比如2022年江苏扬州中考的第13题：

如图，函数 $y=kx+b$（$k<0$）的图像经过点 P，则关于 x 的不等式 $kx+b>3$ 的解集为_____。

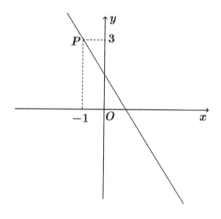

这道题考查的是一次函数与不等式之间的关系；我们从概念的划分上，就可以看到出题人的思路。

接下来我们再看第二种分类方式：变量的次数和个数。变量的次数就是化简以后，每个变量之间相乘了几次，比如 $a×a=a^2$，次数就是 2。变量的个数简单来说就是题目里未知数的个数，比如

$x+y=2$，x 和 y 都是未知数，变量的个数就是 2 个。

变量还可以简称为"元"，如果一道题目中只有一个变量，而且次数为 1，我们就把它称为一元一次。如果是等式，称为一元一次方程；如果是不等式，就称为一元一次不等式。多个变量就是多元方程、多元不等式，比如 $x+y=2$，是二元一次方程，$x+y+z=2$，是三元一次方程。

如果变量之间的运算不只有简单的加减，还有相乘的情况，就可以称为多次方程，比如 $x^2=1$，就是一元二次方程，当然还有三次、四次等高次方程。

还有一类，比如 $x^{\frac{1}{2}}$，变量之间也相乘了，但是次数变成了分数，这称为分数指数幂，同样也可以写成方程或者不等式的形式，比如 $x^{\frac{1}{2}}=2$，这个方程是有解的，答案是 4，这种就叫作无理方程。

接下来我们再看第三种分类方法：按照运算规则分类。

最简单的形式就是单项式，由数与字母的积组成的式子，比如 $2a$、$3b$。多个单项式相加减，就叫作多项式，比如 $2a+3b$；多个单项式相乘，就叫因式，比如 $(a+1)(b-3)$；多个单项式相除，就叫分式，比如 $\dfrac{a+1}{b-3}$。

除了以上最常见的加减乘除以外，还有四种运算：

第一种，用来处理一个数连续相乘的运算，叫作指数，或者幂，比如 2^x，表示 x 个 2 连续相乘。第二种算法复杂一点，叫作对数。我们可以这么来理解：对数和指数是互逆的运算，例如 $2^4=16$，这是指数运算，如果问"2 的多少次方等于 16"，这就是对数运算。第三种算法是求切线的斜率，叫导数。第四种是导数的逆运算，叫积分。

三、为什么要培养代数思维？

对一个刚从小学进入初中的学生而言，数学变难并不是因为学习了负数，也不是因为增加了字母，而是要常常用代数的思维方式解决问题。从算术思维到代数思维有一个相对漫长的转变过程，有时候，越是小学数学学得好的同学，转变就越困难。我们结合一道题目来解释一下：

小明拿 10 元去文具店买了一根签字笔，老板找了小明 4 元钱，请问一根签字笔多少钱？

这是一道小学一年级的算术题，我们只要用付款数减去找零，就是一根签字笔的价钱，这就是用算术思维解题。还是这道题目，如果用代数思维来解答，我们就要假设一根签字笔 x 元，然后列出等式关系：

$10-x=4$。解方程即可得到：$x=6$。

你可能会想，写了半天，结果相同，这不是变得更费劲了吗？这就是培养代数思维的过程，但很多小学数学学得好的同学会觉得不适应，感觉绕不过来弯。

培养代数思维，其实对我们的学习是有好处的。在解决复杂问题的时候，代数思维就可以帮助我们省去很多麻烦。接下来我们以一道具体的例题来说明一下：

一个数，它的三分之二，它的一半，它的六分之一，它的全部加起来总共是70，这个数是多少？

如果我们还是单纯用算数思维来做这道题的话，会发现思路不清晰，步骤也特别麻烦，但如果用代数思维来解，就方便很多。

第一步：翻译

翻译就是把题目中的条件全部用数学语言转化成代数式的形式。一般在"翻译"的时候，也有一些技巧，比如"是"就是"="，"的"就是"×"，"少"就是"－"，"多"就是"+"，等等。题目中"它的三分之二"，可以写成"它 $\times \dfrac{2}{3}$"，如果

设这个数为 x 的话，原题就可以转化为代数式：

$$\frac{2}{3}x + \frac{1}{2}x + \frac{1}{6}x + x = 70$$

这道题目之所以让人感觉有些绕，就是因为数量关系太多了，用算式思维很难梳理出一个清晰的逻辑，但是用代数思维就不一样了，我们完全不需要理清题目的逻辑，不理解也没关系，只要把算式列出来，题目就能解出来。

另外需要注意的一点是，在翻译这一步，只需要做翻译的事情，不要掺杂任何计算，因为翻译是代数思维，计算是算数思维，两种思维掺杂在一起，就很容易出错，根本起不到 1+1>2 的效果。

第二步：化简

我们已经列出一长串的算式，但这个算式还是有些复杂，还需要化简，把能合并的项都合并到一起。原式就可以化简为：

$$(\frac{2}{3} + \frac{1}{2} + \frac{1}{6} + 1)x = 70$$

$$\frac{7}{3}x = 70$$

实际上到化简这一步，我们的解答就已经进入计算的范畴了，只要计算能力过关，这一步就不容易出错。

第三步：解决问题

最后一步就是把结果计算出来，得出最终的答案。在第二步中，我们化简后得到的算式是 $\frac{7}{3}x = 70$，只需要再把这个方程解出来就可以完成作答。解方程的方法，很多同学在小学阶段就已经学过了，移项、合并同类项、系数化为1。最后算出来结果是30，这个时候我们就可以写"答"了——"答：这个数是30。"到这里这道题目就正式解答完毕。

代数思维就是这样帮我们把复杂问题的难度大幅降低的。

第二节
数的计算：如何算得又快又对？

计算是数学的基础，也是同学们出错最多的地方。还有不少同学总是考试时算错，考试后就能算对了。有这么一个五年级的学生，满分 100 分他考 78 分，检查了他的试卷后，我发现光计算错误就扣了 18 分。但是如果把这些计算出错的题目让他再重新做一遍，基本都能算对。

还有一类同学，计算准确率非常高，就是速度特别慢。有一节课讲导数的计算，我在课后留了 20 道计算题，每一题计算量都比较大，第二天上课交作业，全班 20 个同学，只有一个女生全对。导数这一单元都教完后，我安排了一次单元测试，考试时间 45 分钟，满分 100 分，这个同学只考了 63 分，试卷好多题都是空着的，她告诉我不是自己不会做，而是时间不够。

总结一下，计算出问题的原因主要有三个：第一是心态问题；第二是计算准确率问题；第三是计算速度问题。接下来就分别针对这些原因提出对应的解决方案。

一、心态问题怎么解决?

三个计算题出错原因里，首先要解决的就是心态问题，准确率和速度都可以通过方法技巧来提高，但是心态问题不解决，再多的方法也是徒劳。

有些同学对数学或者是对计算本身不感兴趣，自然不会认真听讲，做题时提不起兴趣来，准确率自然就低。

也有些同学认为数学计算没有那么重要，觉得只要自己认真起来，就不成问题，所以一直没把注意力和重心放在计算上，导致计算准确率低。

对学习这件事来说，心态决定一切，只有真的喜欢和重视，才能做好做对。

其实对学习不感兴趣，很多时候是因为没有成就感，每次做题都出错，渐渐就把积极性给消耗没了。当我们对数学或者是计算没兴趣时，不要强迫自己，可以更换学习内容，或者利用游戏的方式去学习，同时降低学习难度，让自己能够在计算上获得成就感。

从经验和事实上来看，重视计算，分数才能有质的改变。如果解题方法和思路都没有问题，但在计算上却丢了很多分，那多可惜啊！而且改变一定要有所行动，如果每次都下定决心下次一定注意，但每次都没有注意，久而久之，就会陷入挫败的循环。

二、计算准确率怎么提升?

家长可能每天都在不停地告诉孩子"计算细心点、别算错……"实际上,孩子也不想出错,但就是没办法避免。如果说多了,孩子就会认为"计算准确率低"就是自己的标签;如果数学考试没考好,他就会以此为借口,久而久之,学考状况就会进入一个怪圈,问题始终有,但就是没办法解决。

如果我们只是盯着问题的结果,那问题永远解决不了,必须撕开这层障碍,透过现象看本质,去挖掘根本原因。

原因分析——计算准确率低的六大原因

我根据自己的教学经验,总结出六个最常见的计算准确率低的原因,并针对每一个原因给出了具体可操作的解决方案。

原因一：计算法则没掌握

计算法则是计算的基石，如果对计算法则不理解，或是压根没记住、没记准，那么计算就很难不出错。

比如正负数运算，什么时候需要变号；带绝对值符号的，什么时候取本身值，什么时候取它的相反数；分数加减法什么时候要把分数化成假分数，什么时候不用……

原因二：书写不规范

书写不规范的问题包括：字迹不工整，比如6和0分不清，上一行写的是36，抄到下一行就变成30了；数位没对齐，把上一个数的十位对到了下一个数的百位或千位上；还有进位借位没有标记，比如122-19，在十位借1，但是没标记，最后答案写成了113。

原因三：思维跳跃，书写跳步

这是最常见的错误之一，很多同学总把"跳步"当作学霸的标志之一，认为只有学渣做计算题才需要一步步写，学霸都是一步到位。其实这是非常错误的观点。在初高中，有些题目的计算步骤的确非常多，如果一步步写很麻烦，但是一些关键步骤绝对不能跳步。

原因四：惯用口算，没有草稿本

对于一些简单的题目，口算能帮助同学节省时间，但是对于复杂度高的题目，口算反而成了做题的"绊脚石"。

题目复杂度高就意味着计算步骤多，计算步骤一多，出错概率就增大。如果没有草稿纸的话，中间某一步算错了或者看错数，那考试就肯定会因为计算丢分！

原因五：从不验算检查

不验算的学生可以分为两类，一类是"极度自信派"，相信自己一定能一次算对；另一类是"没时间派"，算都算不完，哪还有时间检查呢？其实不管是哪一类，都没有意识到检查的重要性！

虽然验算检查会降低做题的速度，但却能大大提高准确率，因此这一步至关重要，同学们不应忽视。

原因六：不核查出错原因

很多同学在改错题的时候，都是习惯性地只改答案，没有再往回看看到底是哪一个步骤出错了，也没有去深究背后的原因。如果改错只改答案不深究出错原因的话，下次遇到同类型的题目，还是会出现错误。

以上六条就是计算准确率低最核心的原因。

计算准确率低的解决方案

第一条：计算法则没掌握。

第一步，一字不差地把计算法则的名称和内容背下来。

第二步，理解法则的内容。

判断自己理解与否的方法就是把法则转化成数学语言，并举出例子。比如乘法分配律，转化成数学语言就是 $a \times (b+c) = a \times b + a \times c$，举个例子可以是 $2 \times (5-3) = 2 \times 5 - 2 \times 3$。

第三步，找到针对性的练习题，熟悉法则对应的题型。

像乘法分配律，会涉及很多不同的题型，比如说"$56 \times 8 - 56$"这种需要乘"1"的、需要进行逆运算的，还有一些需要把某个数进行拆分的，如"$2.4 \times 11 - 1.2$"等，这些都需要在做题的时候有意识地总结出来。这样才算是真正掌握了乘法分配律，才能在考试的时候不会因为公式没记住、运算法则不熟练而出错。

第二条：书写不规范。

数字是数学书写的基础，数字书写宜大小适中，一般以作业本的格子写满较为合适，过大过小皆影响美观。数字写好了，你的数学书写也就成功了一半。

放慢书写速度，把每一个数字和运算符都写清楚；一定要刻意去练习，先保证书写工整，之后再去提速，千万别着急。在平时做作业的过程中，要规划好时间，有了充足的时间，字迹就能够保证。而且习惯一定要从小养成，小学还有时间练习，到了初、高中时间就没有那么宽松了。

此外，像一些在实际手写过程中特别容易混淆的数字，一定要特别注意，比如 6 和 0，1 和 7，5和 8。还有小数点的书写，也要适当加深一点。

解决数位总对不齐的情况，可以借用横格本，把横格本竖着用，这样原来的一行就会变成一列，每一列写同一数位，就可以对齐。等熟练之后，脱离横格本在普通的白纸上练习。此外，空隙也要掌控好，数字与数字间一般空出 1~2 个数字的距离，行与行之间要空出 0.5~1cm 的距离。

在最开始学进位和借位的时候，就必须把进位借位标记清楚，养成习惯以后才不会出错。

第三条：思维跳跃，书写跳步。

为了避免大脑思维跳跃而产生错误，书写一定不要跳步。不要想着每一步都写会浪费时间，规范会让你把该得的分数都得到。数学考试是按照步骤给分的，而不是只看结果。

此外也不要心存侥幸，以为一两次跳步没错就认为跳步没关系，这是一种做题习惯，当下没犯错，不代表以后不会犯错。

第四条：惯用口算，没有草稿本。

很多同学做作业，发现要用草稿纸的时候，

手边没有，就索性用大脑思考或者直接在卷面上计算，这是非常不好的习惯。除了脱口而出的计算题可以用口算，其他题都要养成用草稿纸笔算的习惯。

我教初、高中学生的时候，曾经有一段时间就狠抓打草稿的习惯，因为我发现每次测试，总有同学犯特别低级的计算错误，还不喜欢用草稿纸，卷面上一半是答案一半是草稿。后来我就要求班上的同学，每个人都准备一个专门的草稿本，在之后每次交作业的时候，把草稿本也交上来批阅打分。

1个月后，同学们的计算题正确率明显提高了，在做测试的时候，虽然我没有强制要求大家使用草稿本，但是所有同学都会非常自觉地拿出草稿本来计算，这些同学很少会因为计算错误而扣分，因为他们养成了一种良好的习惯。

第五条：从不验算检查。

做题不验算，有时候是因为家长太勤快了！

我见过很多家长是这样辅导孩子的：孩子在做题的时候，家长在旁边开始检查，还没等做完，家长就告诉孩子这个题目是对了还是错了。

还有一些家长等孩子作业都写完之后，帮他检查一遍，标记出对错，然后改正。

在这两种场景下，家长的行为都剥夺了孩子的主动权，让孩子变成了一个计算机器，没有自己的判断能力。对于一些自觉性比较差的同学，家长前期陪同写作业是有必要的，但是不能代替他检查，否则孩子对自己的错误印象不会深刻，我们应该让他们自己查。

接下来给大家分享两个能快速判断计算正误的小妙招：估算法、代入题目。

1.估算法

估算可以帮我们大致判断计算的正误，常见的估算法之一是根据末尾数字做判断。比如 26×4 和

226×2224 的末尾数字都是 4，利用这个特点就可以初步检验计算结果。

另一种常用的估算方法是利用相近的整数。比如计算 16 + 18，有的同学会忘记进位，得到 24，我们只需要把 18 估算成 20，就会发现 16 + 20 = 36，得数应该接近 36 且比它略小，但 24 比 36 小很多，所以肯定是计算出问题了。

估算的方法，适合同学在数学学习中长期使用，随着年级的增高，计算越来越复杂，如果能熟练使用估算的方法来判断得数范围，就可以快速进行验算，提高做题的正确率，不遗漏不丢分。

2.代入题目

第二个验算技巧就是"代入题目"，这个方法更适用于应用题的计算，即把结果当作已知条件，带回到题目中，判断结果和题目中给出的已知条件是否矛盾。

例如：

修一条长 1000 米的公路，已经修了 800 米，余下的要 5 天修完，平均每天要修多少米？

当我们得出平均每天修 40 米的结果后，可以这样验算：把平均每天修 40 米当作已知条件，验算 $40 \times 5 + 800$ 是否等于题干中的 1000 米，如果等于，就说明算对了，如果不是，就要再检查一下了。

第六条：不核查出错原因。

养成逢错必查的习惯，每错一个题目，都要去分析是什么原因导致的，然后把原理搞清楚，再把题目记在错题本上，同时多做一些同类型的计算，都对了才算解决。

每一周都要去复习错题本，对错误形成条件反射，避免考试中犯错。

三、计算速度怎么提升?

计算准确度是 1, 计算速度是 0。

忽略准确度只追求计算速度的话, 就像是水中捞月, 徒劳无功, 有了准确率这个 1 之后, 加上速度这个 0, 计算才有意义。计算速度越快, 零越多, 数字就越大, 分数就越高!

计算速度的提升可以从三个方面来入手, 分别是: 书写习惯、计算基本功、刻意练习。

(一) 书写习惯

书写习惯上主要有两大问题: 一是速度特别慢, 写一个数字可能需要几秒钟, 就像是慢动作一样; 二是计算过程中频繁写错, 不是数字抄错需要修改, 就是计算符号看错写错需要返工, 这样都非常浪费时间。

1.书写速度慢

书写速度慢的原因可能是握笔姿势、控笔和坐姿出现了问题。控笔就像是小孩拿筷子，姿势不对，就会影响夹菜的数量和速度；握笔姿势不对，也影响书写速度。坐姿方面，则要保证头正、肩平、身直，两脚平放，胸距桌边一拳，握笔处距笔尖一寸，眼距作业本一尺。

养成正确的姿势需要一个长期的练习过程，平时多注意，久而久之才能习惯成自然。

以上问题都解决后，就要进行数字书写练习：锻炼常用数字的书写速度，让手形成肌肉记忆；直接照抄课本上的算式；在日常做计算题时刻意提速。

2.频繁写错

频繁写错的原因可能是注意力不够集中，写一个数字就走神了，回过神来就不知道前面在写什么，这不仅慢，而且容易出错。

另一个原因则是视觉感知力差，看到数字及运算符号需要反应一段时间再去书写；看到的是一个数字，手写出来的是另一个数字。

减少干扰物可以解决注意力不集中的问题，比如，写作业的时候，不能把手机、平板电脑等电子产品放在桌上，要放在另外的房间。

有的同学还喜欢边听音乐边写作业，其实听音乐会分散注意力，容易出现抄错数、看错行的情况。

我们可以通过一些专项练习改善注意力不集中、视觉感知力差等的问题。

舒尔特方格

在一张纸上画出 5×5 的方格，格子内以任意顺序填写上 $1 \sim 25$ 共 25 个数字，然后用手指按 $1 \sim 25$ 的顺序依次指出数字的位置，同时出声朗读，记录所用时间；数完 25 个数字所用时间越短，注意力水平越高。

9	22	11	2	5
25	21	1	15	7
3	19	4	23	12
6	8	13	10	17
24	20	18	14	16

评价标准一般是：

7~12 岁年龄组，26 秒以内为优秀，42 秒属于中等水平；

13~17 岁年龄组，能达到 16 秒以内为优良，26 秒属于中等水平；

18 岁及以上成年人，达到 8 秒以内为优良，20 秒为中等水平。

背电话号码

家长说出一串数字，学生快速重复，数字个数依次增加，比如背诵电话号码等。

猜卡片算式

在卡片上写一些算式，比如 659+756、9812-498，先照着读，不用口算不用笔算，看两秒后，闭眼复述出来，看正确率是多少。可以写十张卡片，涵盖加减乘除，一次读一个算式。这一方式主要训练瞬间记忆能力，坚持十天，一定会有效果。

鸡蛋法

首先，请大家闭上双眼，想象自己正头戴一顶尖尖的三角帽，手里拿着一个水煮蛋。接着，将水煮蛋轻轻地抛起，用另一只手接住，然后再次抛起，用最开始抛水煮蛋的手接住。像这样，把水煮蛋在两手间来回抛接数次后，再用自己的惯用手将水煮蛋轻而稳地放在帽尖上。成功后，一边将注意力集中在水煮蛋上，一边缓缓睁开双眼，此时注意力应该就能集中在眼前的书桌上了。

当想象开始，我们的大脑会逐渐屏蔽外界的干扰，将全身的感官投射到想象上。一旦我们习惯了使用这样的方法，就可以省略反复抛接的环节，直接将想象中的水煮蛋立于帽尖即可集中注意力。

拼图

常见的拼图有三种；第一种是类似于七巧板这种几何图形的拼板画；第二种是用很多零碎的拼板，组成一个较大的图形；第三种是立体拼图，比如我们常玩的积木或乐高搭建游戏。

（二）计算基本功

想要提升计算速度，基本功是必须的。计算的基本功分为三个等级：

第一级：20以内加减法与乘法口诀

计算想要快，口算能力要强，这里说的口算是指20以内的加减法，要求高一点就是100以内的加减法，而且乘法口诀要烂熟于心。因为所有的计算，在最后都会回归到基本的加减乘除。我们可以购买一本口算练习册，每天坚持练一篇，并且计时，先追求准确度再追求速度。

关于乘法口诀，有很多家长让孩子背大九九乘法表，所谓"大九九乘法表"，就是在九九乘法口诀的基础上，继续背到 19×19。所背的算式也从 45 个变为 190 个。如此庞大的数量，意味着背诵并不是易事，而且即使一时记住了，也很难保证不会忘记。

我在这 18 年的教学过程中，看到那么多从小学到高考计算一直又快又准的同学，没有一个是背过"大九九乘法表"的。所以，我不认为背诵"大九九乘法表"有任何意义。

但是，"九九乘法表"是小学生必须背诵的。

其实计算无非就是加减乘除，而所有加减法的核心都是 20 以内加减法，所有乘除法的核心都是"九九乘法表"。

比如计算 29×32 的时候，可以列竖式计算（小学课内要求的），也可以考虑成：

$29 \times 32 = 29 \times 30 + 29 \times 2 = 870 + 58 = 928$，

或 $29 \times 32 = 30 \times 32 - 32 = 960 - 32 = 928$。

无论哪一种方法，需要的只是"九九乘法表"和位值原理。

第二级：运算律等简算方法

达到基本功第一级能让解题速度小幅提高，第二级攻破了，速度则可以大幅提高！

实际上，我们必须熟练掌握的运算律可以总结为以下几个：

1. 加法运算定律

加法交换律：加数交换位置，和不变。

字母公式：$a+b+c=b+a+c$

加法结合律：先把前两个数相加，或者先把后两个数相加，和不变。

字母公式：$a+b+c=a+(b+c)$

加法的性质：一个加数增加多少，另一个加数减少多少，和不变。

字母公式：$a+b=(a+c)+(b-c)$

2.减法运算定律

减法性质1：一个数连续减去几个数，可以先把这几个减数相加，再相减，差不变。

字母公式：$a-b-c=a-(b+c)$

减法性质2：被减数和减数同时增大或缩小，差不变。

$$a-b=(a+c)-(b+c)=(a-c)-(b-c)$$

3.乘法运算定律

乘法交换律：两个因数交换位置，积不变。

字母公式：$a\times b=b\times a$

乘法结合律：先乘前两个因数，或者先乘后两个因数，积不变。

字母公式：$(a\times b)\times c=a\times(b\times c)$

乘法的性质：一个因数扩大多少倍，另一个因数缩小多少倍，积不变。

字母公式：$a \times b = (a \times c) \times (b \div c)$ $(c \neq 0)$

乘法分配律：两个数的和（差）与一个数相乘，可以先把它们与这个数分别相乘，积再相加（减）。

字母公式：$(a \pm b) \times c = a \times c \pm b \times c$

提取公因数：几个有相同因数的乘式相加减，可以用相同的因数乘以剩下因数的计算结果。

字母公式：$a \times d - b \times d + c \times d = d \times (a - b + c)$

4. 除法运算定律

除法性质1：一个数连续除以几个不为零的数，可以先把这几个数相乘，再相除，商不变。

字母公式：$a \div b \div c = a \div (b \times c)$

除法性质2：被除数和除数同时扩大或同时缩小相同倍数，商不变（余数同样变化）。

字母公式：$a \div b = (a \times c) \div (b \times c) = (a \div c) \div (b \div c)$ $(c \neq 0)$

除法性质3：除以一个不为零的数，等于乘以一个数的倒数。

字母公式：$a \div b = a \times \dfrac{1}{b}$

运算顺序：同级运算调换顺序，需要把数字前边的运算符号一起调换。

注意：

（1）只能在同级运算内调换顺序。

（2）算式最左端的运算符号为"＋"或"×"可省略，"－"或"÷"不可省略。

（3）调换算式最左端数字的位置，省略的运算符号必须重新写出来。

（4）优先运算得出的结果可以当作一个具体数字。

括号：

（1）括号是用来规定运算顺序的符号。

（2）括号左边的运算符号是括号的运算符号。

（3）添上或去掉"＋（ ）""×（ ）"，放入括号的数字都不改变运算符号。

（4）添上或去掉"－（ ）""÷（ ）"，放入括号的每个数字都要改变运算符号。

（5）优先运算的结果可以当作一个具体数字。

第三级：常用结论及二级推论

这一级对学习能力要求更高，因为常见的结论和二级推论，一般书本上没有，需要在做题中边练习边总结。

比如等差数列公式：

项数＝（末项－首项）÷公差＋1

末项＝首项＋公差×（项数－1）

等差数列的求和公式：（首项＋末项）×项数÷2

在小学和初中经常会用到这一公式，初中一些找规律的题目也与此有关，但真正学等差数列却是在高中阶段。三个等差数列的公式本身不难背，但如果不知道的话，那就只能通过复杂方法找答案，做题速度就会慢很多。

再比如说小学的计算里，题目经常会出现带分数和假分数，那到底在计算题中，什么时候用假分数，什么时候用带分数运算更加方便呢？这就需要同学在做题中去不断总结。

比如这道题：

$$9\frac{4}{17} - 11\frac{4}{13} + 5\frac{9}{13} - 7\frac{13}{17}$$

这是一道非常典型的加减法运算题目，为了计算更简单，我们需要把带分数拆成整数加分数的形式，把 $9\frac{4}{17}$ 拆成 $9+\frac{4}{17}$，$7\frac{13}{17}$ 拆成 $7+\frac{13}{17}$，这样，整数和整数减，分数和分数减，计算量就少很多，也更不容易出错。对于包含带分数的乘除法题目，那就需要把带分数化成假分数了，比如这道题目：

$$\frac{5}{7} \times \frac{9}{5} + \frac{4}{7} \div 1\frac{1}{3}$$

把 $1\frac{1}{3}$ 转化成 $\frac{4}{3}$，这样再计算就简便很多。

通过这两道题目，我们总结出：

一般而言，含带分数的题目，对于加减法，需要把带分数拆成"整数 + 分数"的形式；对于乘除法，就需要把带分数化成假分数。

当然，并不是所有题目都适用这个结论。具体的题目还要具体分析。

比如 $13\frac{26}{27} \times \frac{1}{13}$，按照刚才总结的结论，应该把带分数化成假分数，但是在转化的过程中你会发现，计算量是非常大的，首先你需要计算 13×27，其次还要将带分数化为假分数后加上 26，本来一道简单的分数乘法题，变成了需要计算两位数乘法和多位数加减法的题目，明显计算量变多变复杂了。

简便算法就是把带分数拆成整数加分数的形式。拆完之后，就可以利用乘法分配律把题算出来：

$$(13 + \frac{26}{27}) \times \frac{1}{13} = 13 \times \frac{1}{13} + \frac{26}{27} \times \frac{1}{13} = 1\frac{2}{27}$$

为什么大家都觉得数学难，就是因为数学灵活度太高了，很多结论不能通用在所有题目上。

也因此，很多人都说数学是不需要背诵的。这个观点是不对的，虽然死记硬背学不好数学，但是不背诵公式定理和一些常用结论，数学学习会非常累，计算速度也很难有大的提升。

（三）刻意练习

提升计算速度，练习是必不可少的，大家可以按以下两种方法来练习。

1.定量计时

首先找到15~20道计算题进行计时训练，做完后看花费了多少时间，接下来一周计算同样多的题目时都要保证在这个时间内做完。

第2周根据第1周的做题速度，适当减少2~3分钟。

第3周再在第2周的基础上减少时间，题量不变。

2. 定时提量

为了稳定保持计算能力，可以每天进行10~15分钟的计算练习。随着计算速度不断提高，虽然每天练习时间不变，但题量是在不断增加的。

每日练习要保证一个好的状态，集中注意力；如果不在状态，不如不练。学习最怕的是半途而废和事倍功半。

刚开始进行计算练习时，计算量不宜太大，不要给自己太大的压力，学习需要循序渐进。

为了提升练习的质量，我们可以用一个专门的笔记本，把错题都记录在上面，题目不用分类，也不需要对错题本进行分区，美观、工整都不是优先考虑项，重点是把出错的地方标记出来，用红色的笔重点标记，这样在复习的时候就能一眼看到出错的点。

第三节
式的运算：像背单词一样背公式

一、"式"都包含哪些内容？

提到代数，就不得不说"式"，那什么叫作式子？数和字母经过有限的加、减、乘、除等运算得到的就是式。除了加、减、乘、除基本运算以外，还有乘方、开方、指数、对数、求导、积分等，每一种运算都能得出不同的式子。

我们在这里描述的，主要是跟"式"有关的概念，除此之外，还有一个内容也非常重要，就是"公式"。

代数中，数学公式有很多，比如高中学"基本初等函数"，会学到指数与对数的运算，这里面就有至少 10 条公式：

如果 $a>0$，且 $a \neq 1$，$M>0$，$N>0$，那么：

（1）$\log_a(M \cdot N) = \log_a M + \log_a N$；

（2）$\log_a\left(\dfrac{M}{N}\right) = \log_a M - \log_a N$；

（3）$\log_a M^n = n\log_a M$（$n \in \mathrm{R}$）；

（4）换底公式 $\log_a b = \dfrac{\log_c b}{\log_c a}$（$a>0$，且 $a \neq 1$；$c>0$，且 $c \neq 1$；$b>0$）；

（5）$\log_a N = \dfrac{1}{\log_N a}$（$N>0$，且 $N \neq 1$；$a>0$，且 $a \neq 1$）；

（6）$\log_{a^n} b^m = \dfrac{m}{n}\log_a b$（$a>0$，且 $a \neq 1$，$b>0$）；

（7）$\log_a b \cdot \log_b c \cdot \log_c d = \log_a d$（$a>0$，$b>0$，$c>0$，$d>0$，且 $a \neq 1$，$b \neq 1$，$c \neq 1$）；

（8）$a^r a^s = a^{r+s}$（$a>0$，r，$s \in \mathrm{R}$）；

（9）$(a^r)^s = a^{rs}$（$a>0$，r，$s \in \mathrm{R}$）；

（10）$(ab)^r = a^r b^r$（$a>0$，$b>0$，$r \in \mathrm{R}$）；

…………

所以，"式"包含两方面的内容，一是概念，二是公式。

二、"式"为什么难学？

很多同学在学到代数式的时候觉得很难。第一个原因是公式非常多，考试的时候考查的类型也多，变形也多，你很难掌握所有的变形，即使是靠做题，你也只能接触到某几种常见的形式。

第二个原因是思维的改变。由简单的数字计算到算式计算，是一个非常大的跃迁，相当于由具体到抽象，由数字思维发展到代数思维，这种转变是非常困难的。

三、数学公式怎么记？

数学公式是数学的重要组成部分，它是概念的延伸和发展，是定理定律的集中表现，公式凝聚着数学的全部精华，是我们解答数学题的工具。公式的重要性不言而喻，因此要学好数学，就要记很多公式。可是有不少同学在背公式上遇到了难题，总是记不住，掌握不扎实。很多同学都把公式定理当成语文诗词、英语单词，全靠死记硬背。这种方式，既枯燥又死板，而且存在三个弊端。

弊端 1：不理解公式的适用范围和用法。

对公式死记硬背，就无法真正理解公式的含义和适用范围，进一步阻碍你熟练掌握和运用。比如这道题：

若一元二次方程 $x^2-2kx+9=0$ 的两根互为相反数，则 k 的值为_____。

看到这道题你能想到要用什么公式吗？其实给出的条件就透露出了解题方法：题目中提到了根，而求解的是 k，也就是一元二次方程的系数，所以实际上考察的就是一元二次方程根与系数的关系，

也就可以直接用韦达定理来解题。韦达定理的公式

为：$x_1+x_2 = -\dfrac{b}{a}$ ，$x_1x_2 = \dfrac{c}{a}$ 根据两根互为相反数，

可知两根之和为 0，再根据韦达定理，就可以求出

$k=0$。

如果我们知道要用韦达定理，那么解决这道

题连 10 秒都用不了。但如果你不知道韦达定理的

应用场景，那就很难做出来。所以不难发现，即

使公式背得无比熟练，不知道怎么用也是没有意

义的。

弊端 2：无法举一反三，题目一变形就不会做。

数学题目变形非常多，无论是练习还是考试，

公式的各个部分——系数、求解项等等，一经变形，

就会成为一道新的试题。比如：

已知 $a+b=6$，$a^2+b^2=15$，求 ab 的值。

我们都知道完全平方公式是 $(a+b)^2=a^2+2ab+b^2$，

只要你使用公式将 $a^2 + b^2$ 展开成 $a^2 + 2ab + b^2$ −

$2ab = (a+b)^2 - 2ab$ 的形式，然后再利用已知条件，就可以求出 ab 的值。这就是简单的公式变形应用。

弊端3：影响信心——努力没效果。

如果总是依赖记忆而非理解，你可能会发现自己在学习数学的过程中，会遇到越来越多的困难——明明已经很认真地学习，但成绩始终没有提升，越努力反而成绩越不好……久而久之，会影响你对数学学习的信心。

这里总结了几种记公式的方法。

推导记忆法：从公式的来源进行记忆

记忆数学公式的时候，一定要了解公式的得出过程，同时要学会推导。在公式推证过程中，对公式的来龙去脉有较清楚的了解，这样不但在学习中增加很多知识，还有助于对公式的记忆和运用。

具体如何推导数学公式呢？

我们不用自己冥思苦想，直接选择"站在巨人的肩膀上"。市面上的大部分教辅资料里，都会包含公式的推导过程，而且也很清晰易懂。

是否会推导的检验标准是：不看书本，是否能自己连贯、独立推导出公式，如果中间有卡顿，那就说明掌握得不扎实，还需要再理解一下。

另外也要注意，并不是所有公式都要求会推导。

比如回归方程系数与各数据关系、二项分布的数学期望等，这些都是不用掌握推导过程的。再比如统计与概率中，有一章叫"成对数据的统计相关性"，里面会讲到一个概念，叫"相关系数 r"：

$$r = \frac{\sum_{i=1}^{n}(x_i - \overline{x})(y_i - \overline{y})}{\sqrt{\sum_{i=1}^{n}(x_i - \overline{x})^2 \sum_{i=1}^{n}(y_i - \overline{y})^2}}$$

这个公式很复杂，也很重要，基本上每年高考都会考，但不要求背诵，考试的时候会直接给出公式，你只要完全掌握并熟练运用就行了。

特征记忆法：根据公式的特征进行记忆

英语单词有很多特殊的词根词尾，这些单词的含义都跟它们相关，我们可以根据这些特征，推断出单词的意思，记忆起来也方便。

数学学习也一样，可以利用公式的特征来记忆。这里向大家分享几个相应技巧：

1.弄清公式结构，注意因子的变化、正负的转变以及次方的变化。

例如二项式定理：

$$(a+b)^n = C_n^0 a^n + C_n^1 a^{n-1} b + \cdots + C_n^k a^{n-k} b^k + \cdots + C_n^n b^n$$

对公式右边的特征做如下分析：

（1）共有 $n+1$ 项，全带正号；

（2）每项由三部分的积组成，呈 $C_n^k a^{n-k} b^k$ 的形式；

（3）a 的指数从高到低（n 到 0）；

（4）b 的指数从低到高（0 到 n）；

（5）C 的下标恒为 n，上标从低到高（0 到 n）；

明白以上五点后，即可逐步写出该公式，熟练后，则可直接写出二项展开式。

2.对公式进行恒等变形，导出新公式。这样就能进一步加深对公式的认识，从而达到牢记的目的。

例如完全平方公式 $(a \pm b)^2 = a^2 \pm 2ab + b^2$ 可以做出如下几种变形，ab 的正负和 b 的正负呈正相关的特点：

（1）$(a+b)^2 = (a-b)^2 + 4ab$

（2）$(a-b)^2 = (a+b)^2 - 4ab$

（3）$a^2 + b^2 = (a+b)^2 - 2ab$

（4）$a^2 + b^2 = (a-b)^2 + 2ab$

3.用通俗的顺口溜总结公式的特点来帮助记忆。例如一元二次不等式求解的简便方法，我们可以记成"大于取两边，小于取中间"；均值不等式 $\sqrt{ab} \leqslant \dfrac{a+b}{2}$（$a>0$，$b>0$，当且仅当 $a=b$ 时，等号成立），我们可以这样记："一正，二定，三相等。"

有一点需要注意，语言一定要准确严谨。数学是一门非常严谨的学科，很多公式都有其应用的前提条件，不能单纯地把公式记下来，还需要把它的应用条件也记下来，这一点也至关重要。比如对数的加法运算公式：$\log_a(M \cdot N) = \log_a M + \log_a N$，这里面就要求"$a>0$，且 $a \neq 1$，$M>0$，$N>0$"。

4. 比较 / 联想记忆法：将不同的公式进行比较记忆。

对于有联系的或容易混淆的公式，可以根据公式的不同特点，进行适当的对照比较，揭示其内在联系，找到它们的异同点，这样一方面可以对公式有更加清晰的印象，另一方面又可有效地防止某些类似公式的混淆。有三类公式适合此方法。

（1）把相似的公式进行对比。

比如扇形面积公式和三角形面积公式：

$S_{扇形} = \dfrac{1}{2}LR$（R 表示半径，L 为扇形的弧长）

$S_{三角形} = \dfrac{1}{2} \times 底 \times 高$

这两个公式非常相似。可以把扇形的弧线类比为三角形的底，这样就可以通过对比来辅助记忆，记住三角形的面积公式，也就可以记住扇形的面积公式。

梯形的面积公式和等差数列的求和公式也是如此，也可以类比记忆。

$S_{梯形}$ =（上底 + 下底）× 高 ÷2

等差数列的求和公式:（首项 + 末项）× 项数 ÷2

（2）把同类公式进行对比。

通过平行四边形、长方形、正方形的面积公式比较出它们之间的联系与差别，也能便于记忆。

平方差公式和完全平方公式：平方差公式是 $(a+b)(a-b)=a^2-b^2$，而完全平方公式是 $(a\pm b)^2=a^2\pm 2ab+b^2$。它们的应用和意义不同——平方差公式用于计算两数"和"与两数"差"的乘积，最终结果为两数平方的差；而完全平方公式用于计算两数和或两数差的平方，最终结果为两数平方和加上或减去它们积的两倍——计算两数"和"与"和"的乘积。但它们都属于基本多项式乘法公式。

又比如乘方公式：幂的乘方公式是 $(a^m)^n=a^{mn}$，而积的乘方公式是 $(ab)^n=a^n \cdot b^n$。幂的乘方公式用于计算一个数的指数的乘方，结果为这个数的指数相乘；而积的乘方公式用于计算两个数的乘积的乘方，结果为两个数的各自指数分别相乘。

（3）把具有从属关系的公式进行对比。

把圆的面积公式和扇形面积公式进行比较，找出异同点，就能帮助牢固地记忆。

比如韦达定理和二次函数的对称轴公式。韦达定理中 $x_1+x_2=-\dfrac{b}{a}$，有的同学总是记成正值或者 $-\dfrac{c}{a}$，但其实 x_1+x_2 的公式，是可以由二次函数的对称轴推导出来：二次函数的对称轴公式：$x=-\dfrac{b}{2a}$，对称轴实际上就是 $\dfrac{x_1+x_2}{2}$，两者有二倍的关系，所以只要记住对称轴的公式，就能记住韦达定理。

特别提醒

从公式的来源进行记忆，一定要明确公式的条件。

任何一个数学公式都是在一定的条件下才能成立的，所以在学习公式时，大家一定要对公式的适用条件进行研究，否则就会得出错误的或者不完整的结论。

有些公式比较直白，比如对数的加法公式，$\log_a(M \cdot N) = \log_a M + \log_a N$（$a>0$，且 $a \neq 1$，$M>0$，$N>0$），括号里就是条件。但有些公式表述不是很明确，比如一元二次方程的求根公式：$x_{1,2} = \dfrac{-b \pm \sqrt{b^2-4ac}}{2a}$ 其中 a、b、c 分别为一元二次方程的系数。比如这道题：

求解关于 x 的方程 $x^2+2x+3=4$。

很多同学看到题目之后，会直接将 $a=1$、$b=2$、$c=3$ 代入到公式中，这样做大错特错！求根公式中的 a、b、c 是指方程的系数，是 $ax^2+bx+c=0$ 这种形式下成立的条件，而上述原题中明显不同！直接代入的做法，就是忽略了公式成立的条件——要先化简成 $ax^2+bx+c=0$ 的形式后，再代入公式求根。

第四节

方程与不等式怎么学?

数学是一门应用型学科,例如方程在实际生活中,最核心的应用就是表示等量关系。方程的定义是:带有未知数的等式叫作方程。这其中有两个重点,一是未知数,二是等式。未知数比较好理解,有未知数方能解方程,才会有方程的实际应用;而等式这个重点,其实在说明,方程具有等式的三大性质:对称性、传递性和协变性。我们通过举例来说明一下这三个性质的含义。

对称性

现在我们手里有一份苹果、一份香蕉,天平左边放苹果，右边放香蕉。如果这两份水果的质量都是 1 千克，天平就是平衡的；如果我们把左边的苹果放到右边，把香蕉放在左边，天平依旧是平衡的。也就是说，天平两边交换位置，天平依旧是平衡的。对应到数学中就是这样的：如果把等式两边换个位置，等式仍然成立。

传递性

天平左边保持不变，还是 1 千克苹果，把右边换成 1 千克的梨，天平还是平衡的。如果我们想比较梨和香蕉的质量，不需要再用天平称一次。因为一份苹果的质量等于一份香蕉的质量，还等于一份梨的质量，那梨和香蕉的质量自然也相等。对应到数学中，就是这样的：

如果 $a=b$，$b=c$，那么 $a=c$。

这就叫等式的传递性。

这个性质有什么用呢？几何题目中经常让我们证明两个角的大小相等，最常见的证明方法就是找到第三个角，证明∠3和∠1、∠2都分别相等，这样就可以通过等式的传递性来得出∠1=∠2。不光证角度相等，证明长度相等也可以运用这一性质。

协变性

这个性质在解方程中应用最多，也是选择题特别喜欢考查的。假设天平左边放了4个1千克的砝码，右边也放了4个1千克的砝码，两边都是4千克，天平是平衡的。现在，我们在天平两边，各放上一个1千克的砝码，天平还是平衡的；我们从天平两边各拿走两个1千克的砝码，也平衡。

所以我们不难发现，如果从已经平衡的天平两边，各拿走或放上同样质量的东西，天平还是会保持平衡的，这就是协变性。

实际上，协变性是物理学中的概念，是指"物理规律在不同惯性参考系下仍保持相同的数学表达式"，有些拗口，不好理解，简单来说，协变性就是：两边一起变，变的方式还相同。

比如 $5x+3=7$，两边同时减去 3，等式仍然成立，$5x+3-3=7-3$。

再拓展一下，如果两边同时乘或除以一个相同的数（不为 0），等式是不是也成立？

我们用 2022 年青海中考的这道题尝试一下：

根据等式的性质，下列各式变形正确的是（　）。

A. 若 $\dfrac{a}{c}=\dfrac{b}{c}$，则 $a=b$

B. 若 $ac=bc$，则 $a=b$

C. 若 $a^2=b^2$，则 $a=b$

D. 若 $-\dfrac{1}{3}x=6$，则 $x=-2$

咱们来看 C 选项，如果两边同时除以 a，左边可以变成 a，但是右边却不能变成 a；如果两边同时除以 b，右边可以变成 b，但是左边却不能变成 b。

不管采用哪种变化方式，都不能让等式从"$a^2=b^2$"的形式变成"$a=b$"的形式，所以 C 是错误的。

有等量关系，就一定会出现不等量的关系，对应到数学中也就是不等式。

这里把方程和不等式放在一起来比较，就是因为它们既有相似之处，又有差异。

方程的三大性质中，有在不等式同样成立的，比如传递性：如果 $a>b$，$b>c$，那么 $a>c$；也有无法成立的，比如对称性：$a>b$，但是对称过来，b 不大于 a；还有部分成立的，比如协变性的加减部分：如果 $a>b$，则 $a+c>b+c$、$a-c>b-c$，但是协变性里的乘除部分，在不等式里就不一定能成立了。

所以我们把这两个概念放在一起类比着学，可以找差异，一下子就能掌握两部分知识。

一、方程、不等式如何分类？

在数学学习中，我们会接触到很多方程与不等式，大体可以分为以下几类：

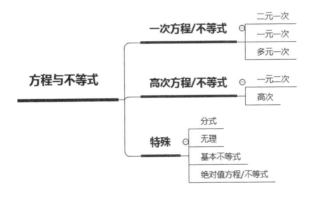

如果未知数的次数为 1，就叫一次不等式、一次方程，再根据未知数的个数进行细分，可以分为一元一次、二元一次、多元一次；如果次数是整数而且比 1 大，我们就将它们统称为高次方程 / 不等式。

当然，除了一次和高次方程以外，还有一些特殊的方程和不等式。比如 $\sqrt{x}=5$，对于 x 而言，它的次数就是 $\dfrac{1}{2}$，这种情况我们将其统称为无理方程或无理不等式；再比如 $\dfrac{2}{x}=3$，x 的次数看起来像是 1，但其实，我们把原式化成 $2 \cdot x^{-1}=3$，x 的次数就变成 -1 了。我们把这种 x 在分母上的，叫作分式方程或分式不等式。除此之外，还有基本不等式和绝对值方程、绝对值不等式等等。

二、方程和不等式的难点在哪里？

方程和不等式的学习贯穿小、初、高 12 年，这部分不是最难的知识，但却是最容易出错的。难点主要在两个方面，一是计算，二是实际应用。

相比于简单的数的运算，方程与不等式的运算难在规则、技巧和细节上。

规则多：比如不等式中，一般的整式不等式，如：$\dfrac{x}{2}>1$ 计算起来非常方便，两边同乘 2 即可，最后得到 $x>2$；但是如果是分式不等式，就不能直接计算，比如：$\dfrac{2}{x} > 1$，看起来只是简单调换了分子分母，但解法就完全不一样了。

如果把不等号变成等号，转化为 $\dfrac{x}{2} = 1$，两边同乘 2 就可以解出答案，即使分子分母调换位置，变成 $\dfrac{2}{x} = 1$，两边同乘 x，也能正确解答。

针对不等式中未知数正负情况不确定的特点，我们要根据题目信息综合判断解题时是否可从协变性入手，而不能直接同乘。

我们会发现，方程、不等式中计算的规则非常多样，不能直接简单地类比着去解题。

技巧多：比如基本不等式，"如果 $a>0, b>0$，$\sqrt{ab} \leqslant \dfrac{a+b}{2}$，当且仅当 $a = b$ 时，等号成立"，看似简单的公式，但是考试用到的变形非常多，可以是 $ab \leqslant (\dfrac{a+b}{2})^2$，还可以是 $a + b \geqslant 2\sqrt{ab}$；我们看其他题型，比如：

已知 $x>0$，$y>0$，且 $\dfrac{1}{x} + \dfrac{16}{y} = 2$，求 $x + y$ 的最小值。

这题乍一看好像跟基本不等式没关系，但考查的确实是这个公式：题目需要求 $x+y$ 的最小值，那 $x+y$ 可以写成：$x+y=\frac{1}{2}\times(x+y)(\frac{1}{x}+\frac{16}{y})=\frac{1}{2}\times(1+\frac{y}{x}+\frac{16x}{y}+16)$，写到这一步，我们就可以用基本不等式来求 $\frac{y}{x}+\frac{16x}{y}$ 的最小值；合并式子得 $\frac{y}{x}+\frac{16x}{y}\geq 2\sqrt{\frac{y}{x}\times\frac{16x}{y}}=8$，$\frac{y}{x}+\frac{16x}{y}$ 的最小值求出来，$x+y$ 的最小值也就可以求出来了。

我们再看方程，有些题目不光要求你会解，还会问你"整数解、唯一解、无数多解、无解"等等问题，比如：

解关于 x 的方程 $|x+1|=2$。

若关于 x 的方程 $ax+1=0$ 无解，a 需要满足什么条件？

当关于 x 的方程 $x-4=ax$ 有整数解时，正整数 a 的值为？

···········

上述这些题目，每一题的解题技巧都不一样，只有掌握熟练所有方法，才能在考试中拿下这几分。

细节多：数的运算只要保证结果计算正确即可，但在方程、不等式中还要考虑：是否要变号，是否要检验，算出来的根是否都是方程的解，是否需要加括号等等。细节一多，就意味着易错点变多，也就意味着在考试时，对同学的细心程度要求更高。

当我们终于掌握了计算规则和技巧，也很注意细节，终于计算不出错了，就会发现又来了"一座大山"——实际应用，不仅要求会写会算，还得会根据题意列方程、不等式！

方程、不等式在实际应用上，主要难在三点：

1. 文字多，题目读不懂。

2. 找不到突破口，不会设元。

3. 找不到等量关系，不会列方程、不等式。

三、方程、不等式的计算难题如何突破?

我们前面讲到,方程与不等式在计算过程的难点有三:规则、技巧和细节,接下来我们逐个击破。

规则

要想把计算规则掌握牢固,需要做到以下3点:

1. 理解记忆

我们首先需要理解的就是方程的基本性质和运算法则。前面用了较长篇幅讲方程和不等式的性质,就是想帮助大家更好地理解记忆。不管是概念还是运算法则,都和性质息息相关,死记硬背是靠不住的,这种方式能帮助你一时,但是不能帮助你一世。

学习过程中结合具体实际案例去理解,比如前面讲的天平例题,就是实际的案例。

2. 善于分类

规则有相通的，也有独立的，所以我们要学会把规则分类，这样才能记得更牢固。

（1）类比记忆

相似的定理一起记忆。比如分式方程和分式不等式，都属于分式的范畴，可以一起记忆。不管是解分式方程还是解分式不等式，最后都需要考虑分母是否为 0，这是由分式有意义的条件决定的：只有分母不为 0 了，分式才有意义。

再比如之前提到的传递性。方程有传递性，不等式也有传递性，可以类比着记忆，但是需要注意的是，传递性在方程中的应用更自由一些，在不等式中就相对会苛刻一点，比如在方程里：若 $a=b$，$a=c$，那么 $b=c$；但是在不等式中，若 $a>b$，$a>c$，b 就不一定大于 c 了。

我们可以借助具体的数字来辅助理解：$5>1$，$5>4$，但是 $1<4$。概念上，我们还是从基本性质出发。还记得前面讲等式性质的时候，最先提到的等

式性质就是对称性，也说过不等式没有对称性，所以"$a=b$，$a=c$"可以改成"$b=a$，$a=c$"，能推论出 $b=c$，但是"$a>b$，$a>c$"，就没法改成"$b>a$，$a>c$"，也就得不到 $b>c$。

显然，不光知识是可以类比记忆的，性质也是层层递进的，记住了第一个，就可以自然而然推导出第二个、第三个……

（2）区分记忆

除了相似情况类比，我们还可以通过对规则进行区分来理解记忆。比如在方程中，一元一次和一元二次方程都不需要对解进行检验，但是分式方程需要验根；解含参的不等式需要分类讨论，解一般的不等式也不需要分类讨论等等。

3.基础扎实

数学学习具有连贯性，因此前置知识点就显得尤为重要。比如二元一次方程不会做，可能是因为一元一次方程没学扎实，所以哪怕我们学习的进度靠后，也要往前复习前置知识点，保证基础扎实。

技巧

说完了计算规则，接下来就是技巧，我们需要做到这三点：

1. 善于总结

数学学习一定是学、练结合的，不能只学不练，也不能只练不学。在练习的过程中，我们一般会遇到这三类题目：会做的、做过但还出错的和完全不会的。会做的题目不是我们关注的重点，恰恰相反，我们要关注的是后两类。从这些题目里去总结规划，去分析标准答案，看这个解题方法是不是之前从来没接触过，如果是，就要总结到自己的解题方法库里。比如在解一元二次方程时，第一步一定是判断"根的判别式△的正负"；在解二元一次方程组时，需要注意消除元的过程中等式两边系数的对应关系等等。

2.画图帮助解题

数形结合是非常重要的数学思想，很多代数的题目都可以通过画图来辅助解答，比如：解一元二次不等式，可以画二次函数的图像来分析；讨论方程/不等式的整数解问题，可以通过数轴来判断等等。

3.回归本质

数学的解题技巧有很多，我们可以在做题过程中总结，但总有新的题型出现，那怎么办？这个时候就要回归到概念本身，每一种技巧背后都对应着一种数学思想。比如解绝对值方程，其实就是在考察分类讨论，我们拿一道题目来说明：

解关于 x 的方程 $|x+1|=2$。

这道题的本质还是一元一次方程，只是多了绝对值符号。绝对值不就是"正数的绝对值是其本身，负数的绝对值是其相反数，0 的绝对值是 0"，这种性质代表了分类讨论，所以我们按照分类讨论来解答对应问题即可。绝对值符号内部的 $x+1$，我们需要分别去判断当 $x+1>0$、$x+1<0$、$x+1=0$ 时的情况，然后解出三个方程。

掌握了分类讨论的方法之后，我们还可以做更加复杂的题目，比如：

$|x+1| > 2$：还是分类讨论，最后一步解三个方程变成解三个不等式。

$|x+1|+|x-4|=7$：也还是分类讨论，但需要针对 "$x+1$" 和 "$x-4$" 两项进行。

…………

技巧不一定相同，但背后的数学思想一定是相通的。

细节

只需掌握这两点，大小细节都能轻松把控：

1. 规范解题步骤

掌握解题步骤和规范是解题的重要基础。读题、分析题目、列出方程或不等式、求解等步骤要做到一丝不苟，同时注意解题规范和细节。例如，在解题时需要注意符号、单位、检验等方面的问题，保证解题的准确性和规范性。尤其注意解方程时需要养成不跳步、加括号的好习惯。

2. 总结易错点

很多同学喜欢做题，但是做题不能盲目，不能把做完当结束，还需要做总结。比如你现在练习了20道一元一次方程的题目，在做题的过程中，你肯定会遇到一些困难、有出错的地方，那就可以把这些有问题的地方都归类总结一下，比如：看错数字、漏乘、忽略等号左右系数、去括号导致出错等等的情况。在每次做题之前，先在脑海里过一遍易错点，就不容易出错了。

第五节

函数综合：熟练掌握概念是核心！

　　函数作为数学的重要内容之一，既是基础又是难点，函数部分的学习对于学生的数学思维能力和解决实际问题的能力有较大的影响。因此，培养函数思维，提高函数素养十分重要。

　　函数思维其实是对变量和变量之间关系的思考。理清变量和变量之间的关系、规律，并能够解决相关问题的思维就被称为函数思维。而理清变量和变量之间的关系，常用的函数表示方法有：解析式法、列表法和图像法。函数的研究方法是先分析函数表达式，研究自变量如何影响因变量，从函数表达式分析函数性质，再结合函数图像理解函数性质，从而理解问题、解决问题。

一、函数包含什么? 难在哪里?

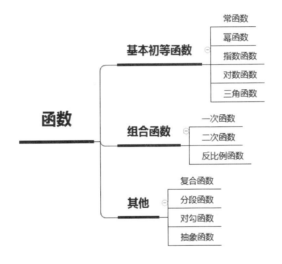

定义与概念

从数学自身的发展过程来看，变量与函数概念的引入，标志着数学由常量数学向变量数学迈进。

函数概念是用"变量"来定义的，这种定义方式有易于接受的一面，也有其不足的一面。例如，

"变量""对应"这些词，并没有给出比较明确的定义，比较晦涩难懂。

另外，函数概念也有其特殊的一面：它是我们在初中遇到的第一个用"数学关系概念定义法"给出的概念。在此之前，我们学习概念，都是比较明确的，比如：方程的定义是含有未知数的等式叫方程；多项式的定义是几个单项式的和叫作多项式；二次根式的定义是"我们把形如 $\sqrt{a}\,(a \geqslant 0)$ 叫二次根式"……这些都是"某某是某某、形如某某叫作某某"的句式，但是函数的定义不一样，在人教版教材中，关于函数的定义是这样的：

一般地，在一个变化过程中，如果有两个变量 x 与 y，并且对于 x 的每一个确定的值，y 都有唯一确定的值与其对应，那么我们就说 x 是自变量，y 是 x 的函数。如果 $x=a$ 时 $y=b$，那么 b 叫作当自变量的值为 a 时的函数值。

这段定义光是阅读都有些费劲,更别说理解了。但其实定义就是在说明一件事:y 随着 x 的变化而变化,x 和 y 是有一定关联的。

此外,函数概念还可以用列表、图像、解析式等方法来表示。每一种都可以独立地表示函数概念。这又是一个与其他概念不同的地方。由于函数概念需要同时考虑几种表示形式,并且要协调好各种表示形式之间的关系,还常常需要在各种表示形式之间进行转换,所以容易造成学习上的困难。

函数思维

从数字过渡到方程,再从方程过渡到函数,对函数思想要求更高,但是大部分同学的函数意识比较薄弱,在做题的时候,还是习惯用方程表示等量关系,之后求解。如果遇到变量间存在函数关系时,就无法很快找到问题中存在的变量关系,有的同学还会尽量回避,自欺欺人,只建立等式的数量关系;还有的同学认为自己只要把这道题解出来就可以了，不需要找什么函数关系。

在我们刚开始接触函数时，更多是研究函数自身的变化，限制在主要参数所对应的大致结果；比如二次函数，大部分情况下我们明白了图像开口方向、对称轴的正负基本就可以解题。所以大多数函数问题，都是函数确定以后，以函数为背景的图形题；但是到高年级，变化的对象变成函数了，比如幂函数 $y=x^a$，根据 a 的不同，函数的图像和性质也完全不同，变化更加多样，难度自然而然就上来了。

函数图像：数形结合思想

解决函数问题，图像是关键工具，是将抽象问题具象化的重要手段；函数思维是要求数形结合的思维，函数定义与性质要以图像作为支撑。同学需要掌握绘制函数的图像、从图像上观察函数的性质，以及利用图像解决函数问题等能力。

实际应用

函数在实际生活中有着广泛的应用，如物理学、工程学、经济学等。不同类型的函数应用题，如利润最大化问题中往往需要用到二次函数的最值求解；人口增长问题中常常涉及指数函数的应用；最优分配问题则可能需要运用线性规划等。

思维能力要求更高

学习函数的过程，对同学逻辑证明的严谨性要求逐步提高，少考虑一点就会出错。比如函数的奇偶性证明上，就需要至少考虑这两点：第一，函数的表达式是否存在 $f(x) = f(-x)$ 或 $f(x) = -f(-x)$ 这样的关系；第二，函数的定义域是不是对称的。再比如分类讨论思想，也是学习的一大难点，对思维能力要求也比较高。分类讨论能力在学习方程与不等式时就已经有明确要求，比如含参一元一次不等式、含参一元二次方程等等，而在函数中，求含参数函数在给定定义域内最值的问题，对同学的分类讨论能力提出了更高的要求。

综合应用

函数之所以难学，是因为它变化多端，同一个公式原理，同一种方法，可能有很多种不同的变化或组合形态。比如二次函数的表达式，就有三种不同的形式：一般式、顶点式、双根式。而且光把这三种表达形式背下来还不够，还要会判断在哪种情况下用哪种更方便。

很多同学记得公式，记得一些固定的函数性质或图像，但如果不会综合运用的话，就好比给普通人一个工具箱，工具都很齐全，也都能正常使用，但就是不能像机械师一样熟练地组装机器设备。

复合函数

复合函数是由两个或多个基本函数复合而成的函数，可以理解为"函数套函数"，其性质比基本函数更为复杂。我们需要掌握如何将复合函数分解成基本函数，并找到内外层函数的定义域和值域等。例如，三角函数中的复合函数往往涉及多个函数的复合，如 $y=\sin(x+\frac{\pi}{3})$，需要掌握内外函数的性质以及它们之间的相互影响。

抽象函数

没给出具体解析式的函数就是抽象函数。给出函数表达式，同学都不一定能把题目做出来，现在连函数表达式也没有，也没法画图做题，就更难了。所以抽象函数可以说是函数中最难的部分之一。但是抽象函数并不是真的没有解析式，只是题目中暂时还没给出，可以通过题目中的其他条件去求出。

函数虽有这么多难点，但学习的方法也有例可循，这里给大家分享几个高效学函数的妙招。

二、函数具体怎么学？

1. 扎实基本概念

大部分函数知识学得差的同学，都是因为基础概念学得不扎实！

很多同学在刚开始学习函数的时候陷入了误区，认为只要掌握好技巧、多练习些题目就能学好，但其实不是这样。想要学好函数，必须先扎实掌握基本概念定义，就像盖房子一样，地基得先打牢，不然盖再高的楼都会有随时倒塌的风险。我们还是拿函数的定义来举例，定义中有一句话是这么说的：

对于 x 的每一个确定的值，y 都有唯一确定的值与其对应。

我们以一道例题来分析：

下列各曲线中表示函数的是（　　）。

A.

B.

C.

D.

如果同学基础不扎实，概念记个大概，看到这道题大概率会蒙，完全不知道考查的重点。这题就是考函数的概念。只要我们能一字不差地背诵出来，那一定能找出这题的答案。函数的定义中"y 都有唯一确定的值与其对应"，"唯一"这两个字就是解题的重点，我们看选项 A、B、C 的图像，当 x 取某个值时，y 都有两个值甚至三个值与之对应，不符合概念要求的"唯一确定"，所以答案选 D。

在学习函数的时候，我们不能过于盲目地做题，一定要把定义概念放在首位，只有把这些基础都掌握扎实了，才能更好地将其应用到试题中。

检验基本概念掌握得是否扎实的标准有3点：

（1）能否完整背出概念，不卡壳、不中断；

（2）能否默写出知识思维导图；

（3）能否熟练画出函数图像，并清晰描述图像的性质特征。

2.巩固3种基本函数

中学阶段会学习近10种函数，但最重要的还是一次函数、二次函数、反比例函数这3种。我们要做的就是回顾梳理这3种基本函数的研究方法和思路，总结解题步骤和方法，加深对这3种函数的理解，尤其要进一步熟悉二次函数这个贯穿初、高中六年的知识点。

3.敢画图，会画图

函数学习要求数形结合，如果缺少函数图像，一切性质就只能靠空想，这对同学的理解能力也提出了更高的要求，所以要想学好函数，作图能力一定要过关。

很多同学之所以做不出函数题，是因为不敢画图！看了一眼题目感觉没法画图，就不再尝试，这样是肯定无法把题目做出来的。一个清晰的函数图像往往能让我们一眼就知道函数的性质，对解题有非常大的帮助。如果图画错了怎么办？没关系，重点在于尝试。思考如何画图的过程，就是在对题目的条件进行分析的过程。

4. 记住常见的函数模型

在利用数学知识解答实际问题时，我们应及时总结归纳其属于哪类问题。

比如药物浓度、电压电流、密度体积等，都属于反比例函数问题。先判断问题对应哪种函数，再确定变量的限制条件，就可以运用函数知识和方法解决实际问题了。

5. 抽象问题具体化，复杂问题简单化

有些函数的表达式比较复杂，图像也不好直接画出来，我们可以采用间接的方法，从函数的表达式出发，看它与哪种常见函数相关，然后通过研究常见函数的性质和图像来转化、分析、判断。

举个例子来说明，比如 $y=x^4-x^2+5$，这是一元四次函数，并不是常见的函数类型，但是没关系，它的表达式和二次函数非常像，如果我们用 t 去替换 x^2，那函数就变成了 $y=t^2-t+5$，先去分析这个二次函数的性质，再转化到原来的函数上。

对于复杂的问题，我们要尝试简化，简化的过程也是巩固旧知识的好时机。

6. 分析答案、总结规律

学习函数必须学会积累函数各章节的典型例题，学会分析每一道题所用的公式、定义、定理、原理、方法。最重要的是：学会遵守数学规律，从错误中学习。

就拿函数的解题方法来说，有换元法、赋值法、化简法、数形结合法、等量替换法、分离变量法、分离常量法、构造法等等，这些方法都是在做题中总结出来的。我们需要在做完每一道练习题后，尝试去思考以下这7个问题：

（1）这道题有什么特点，最重要的是什么？

（2）本题中最关键的条件是哪个？

（3）解本题用到了哪些基本知识与基本图形？

（4）解本题用到了哪些数学思想和方法？

（5）解题步骤中哪一步是最关键的？

（6）你做过与本题类似的题目吗？二者在解法和思路上有什么相同和不同之处吗？

（7）除了这种方法，还能用其他方法来解这道题吗？哪一种最简便？每一种的应用场景是？

通过思考这些问题可以总结做题的规律。

最后来总结一下在考试中函数的两个易错点。

（1）定义域，即未知数 x 的取值范围，函数的所有性质都是在取值范围内去考虑的，缺少了定义域，函数的性质也就没了意义。在实际应用问题中更要考虑 x 的取值范围。

（2）是否能取等，很多题目都是问"××的取值范围""××的解集"，处理这种类型的题目必须考虑临界值能否取到、区间开闭的情况。

第四章

横向看数学之
几何怎么学?

对大部分同学而言，几何不像代数那么陌生，但这并不意味着几何非常容易学。几何板块的知识，有容易的，也有晦涩难懂的。这里将从定理公理、平面立体、几何证明这三个方面，为大家揭示几何学习的方法技巧，帮助大家更好地掌握这部分的内容。

第一节
定理公理：会背诵、会运用、会推导

点、线、面、体等元素构成了丰富多彩的空

间世界，这些元素并非孤立存在，而是相互关联、相互依存。线由无数点组成，面由无数线组成，体则由无数面组成。因此，在学习几何时，我们首先要对基本元素及其关系有清晰的认识，透过现象看本质。

几何板块中有很多定理、公理，不论考试出现什么样的题目，都离不开基本的定理、公理。每一个定理，其实都不难理解，不像代数里的概念那么晦涩难懂，但是难在多和杂，并且定理之间的关联性很大，某个定理掌握不熟练，做题就容易卡壳。

这就对同学的能力有了新的要求：联想能力。

联想能力就是看到题干的条件时，可以联想出跟它相关的所有概念、定理。例如，看到等边的条件会想到等角、全等；看到直角三角形，会想到勾股定理、斜边上的中线等于斜边的一半等。

如果对题目中的条件都能理解但无法把它与学过的定理关联起来，那么就找不到合理的解题思路，解题就会陷入僵局。

如何培养联想能力呢？学习的时候做到会背诵、会运用、会推导，就能有效培养联想能力，使难题迎刃而解。

会背诵是最基本的要求，我们得先知道定理是什么，才能应用。

只会机械背诵，不知道定理的运用场景，或者需要用到的时候却想不起来，也是不行的。

会运用却不会推导，题目稍微一变形，就容易卡住，没法举一反三，这是大部分同学在学习几何上面临的困境。

比如，多边形的外角和是360°，定理只有一句话，但具体的推导过程却十分复杂：

首先，把多边形拆成若干个三角形；

其次，根据三角形的内角和为180°，求出多边形的内角和为180°($n-2$)；

最后，根据多边形的每一个内角＋外角都是平角，即内角和＋外角和 $=n \times 180$°，就可以求出多边形的外角和。

假如你学完了这个知识点，碰到了这样一道题：

若正n边形的一个外角为60°，则n的值是多少？

我相信绝大多数同学都能快速得出答案，直接套用概念，用360°÷60°＝6，求得n＝6，非常简单。但如果题目稍微复杂一些，比如问：

如果一个多边形的每个内角都相等，这个多边形的外角不可能是（　　）。

A. 15°　　　　　　B. 30°

C. 50°　　　　　　D. 90°

有些同学看到题目就会一脸蒙，但这道题一点都不难！我们刚才的推导过程中提到过，n 边形的每一个内角 + 外角都是平角，因此，内角相等，说明外角也相等，也就是每一个外角的度数都可以整除 360，那答案就显而易见了——选 C。

这类型题目考察的其实就是定理的推导过程，推导过程出现的外角、内角、平角，刚好和题干中的"外角、内角"这些元素联系起来。这就是"联想能力"。这个能力在解答几何证明题中非常关键，而几何证明又是一个重要的考点。

第二节
平面立体：从二维到三维

我们一开始学习几何，都是二维的平面几何，从点到线，由线到面；然后再过渡到三维，由面到体，也就是立体几何。立体几何是平面几何的延伸，在学习方法和考查的能力上，有相似也有不同，接下来一一分析。

一、理解记忆

平面几何和立体几何中的概念都比较多，像平面几何中，相交线、平行线、三角形、四边形的性质与判定；立体几何中，棱柱、棱锥、棱台、圆柱、圆锥、圆台的定义和性质及运算等。这么多内容，想要记牢并熟练运用，不能靠死记硬背，一定要结合图形来理解记忆。

比如平行线的相关概念与性质。课本中平行线的定义为：在同一平面内，不相交的两条直线。定义的关键是"同一平面内"和"不相交"。我们可以结合空间想象能力，想象出一个平面，在这个平面上画两条直线，只要它们不交叉，那么这两条直线就是平行线。还可以借助实际生活的案例来加深理解，把平行线想象成两个人在平行的道路上行走，他们始终保持相同的距离，永远不会相遇。

二、语言表达要严谨、准确、简练

一开始学习几何，语句的叙述就一定要规范和严谨，这种规范和严谨是数学素养的体现。

例如不能说"延长射线 AB"，因为射线本身就是在自己的方向上无限长的，无须延长；也不能说"反向延长直线 AB"，因为直线 AB 是无限长且无方向的，所以谈不上反向，也不需要延长。我们可以这么说"反向延长射线 AB"，也可以说"反向延长线段 AB"。一个小小的概念，稍微改变一个字或者顺序，就表达了完全不一样的含义。

再比如，"若两条直线没有交点，则两直线平行"，这一定理在二维层面是对的，但如果是立体几何中，这个描述就是错误的，因为在空间中，两直线还可以异面。表达稍不严谨，就可能得到错误甚至相反的结论。

三、培养空间想象能力

很多同学平面几何学得还行，大部分概念也能理解，但是一旦到了三维层面上，就理解不了，原因就是空间想象能力差。

这里给大家分享 5 个提高空间想象能力的方法：

方法1：平面图形拉伸成立体图形

虽然平面几何和立体几何之间有差异，但是它们之间是可以互相转化的，我们可以根据"长对正，高平齐，宽相等"的原则，画出立体几何的三视图。在考试中，常见考法是：给出一个几何体的三视图，要求同学还原或者求体积、棱长等等。比如下面这道题：

某几何体的三视图如下图所示（尺寸长度单位为 m），则该几何体的体积为＿＿ m³。

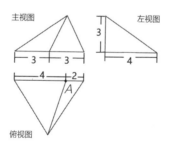

这题确实有些难度，空间想象能力差的同学更是无从下手，但其实这类型的题只要找到突破口，

就非常好解答。一般是从俯视图入手，找到关键点进行拉伸。在本题中，我们可以把俯视图中的点A向上拉3米。那如何判断自己该沿着哪个方向拉呢？看左视图。左视图中是垂直的，那就沿着垂直于纸面的方向拉，拉完之后，几何体就会变成一个三棱锥，它的底面三角形的面积是 $6 \times 4 \div 2 = 12$ 平方米，高是3米，那体积就可以求出来了。

方法2：动手实践，培养空间想象能力

我们日常生活中有很多立体图形，比如教室是一个长方体，书本也是一个长方体，笔可以看成圆柱，等等，我们就借助这些身边现有的物品来辅助理解，锻炼空间想象能力。比如直线和平面平行，我们可以用笔来表示直线，用桌面来表示平面，这样就可以表示出"线面平行"的关系。同样，用一张纸表示平面，让这张纸和桌面垂直，就可以表示出"面面垂直"的关系。

一开始可以先从简单、基础的入手，重点是一

定要勇敢尝试。因为空间想象力是无法用语言来描述的，我们自己比画、实践的过程，就是培养空间想象力的过程。

方法 3：区分概念的细微差别

立体几何除了图形难画以外，还有一个难点，就是概念特别多，特别细碎。比如空间中的位置关系，有线与线的平行、垂直，有线与面的平行、垂直，还有面与面的平行、垂直，而且每一种关系下还对应着不同的判定方法和性质，同样一句话，稍微换一个字，就不一定是正确的了。比如在线与线的位置关系中，线线平行有这么一个性质：平行于同一条直线的两条直线平行。这句话是正确的，但如果把平行改成垂直，变成"垂直于同一条直线的两条直线垂直"，这句话就是错误的。

比如在正方体 *ABCD-EFGH* 中，*AE* 和 *FB* 都垂直于 *AB*，*AE* 和 *FB* 是互相平行的，但这并不意味着"垂直于同一条直线的两条直线一定平行"。

比如 AE 和 AD 都垂直于 AB，但是 AE 和 AD 就是互相垂直的。"垂直于同一条直线的两条直线一定垂直"，这样的描述也不对，AE 和 BC 都垂直于 AB，但是 AE 和 BC 是异面的。

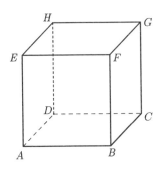

　　由此可知，垂直于同一条直线的两条直线之间其实并没有什么固定的关系。在学习立体几何时，如果只是简单地把一句错误的话，加上一个"不"，或"垂直"改为"平行"，也不一定正确。我们学习时，一定要注意区分不同的情况，要把所有情况都考虑到，这样才能更好地把概念定理融会贯通，灵活应用。

方法 4：不规则图形镶嵌到规则图形中

课本上的标准几何体有：正方体、长方体、圆柱、圆锥等。这些几何体的性质我们都非常熟悉，如果遇到的是不规则的几何体，我们就可以把它们镶嵌到标准的几何体中，比如下面这题：

如图，正四面体 ABCD 的顶点 A、B、C 分别在两两垂直的三条射线 O_x、O_y、O_z 上，则在下列命题中，错误的为（　　）。

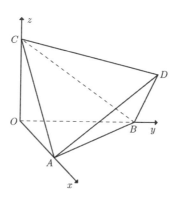

A. O–ABC 是正三棱锥

B. 直线 *OB* // 平面 *ACD*

C. 直线 *AD* 与 *OB* 所成的角是 60°

D. 二面角 *D–OB–A* 为 60°

如果只根据题目中给的图来判断，比如选项 B，问直线 *OB* 和平面 *ACD* 是否平行，肉眼观察不太容易做出判断，但如果我们把这个四面体嵌入到正方体 *OAEB–CFDG*（如下图）中，你就会很清晰地发现，*OB* 和平面 *ACD* 是不可能平行的，那答案也就出来了，选 B。

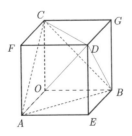

所以对于一些不好判断的题目，我们可以尝试把它们嵌入到规则图形中来进行分析。

方法5：立体转平面

如果你觉得某道立体几何题有点难，我们可以将其转化成"平面几何"来做，这个方法在计算上用得最多：把空间中的某个或某几个面画到平面上，标好对应的点和长度，计算即可。比如：

如图，一只蚂蚁沿着棱长为3cm的正方体表面从A点出发，它必须经过3个面才能爬到B点，若蚂蚁的速度是1cm/s，求蚂蚁最短经过多长时间才能到达B点。

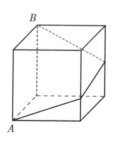

这道题如果在空间中想象最短距离，就会非常困难，而如果将立体转化成平面，即把这个正方体

展开，这题就迎刃而解了：

    将正方体展开，将右面、后面与前面正方形放在一个面上，展开图如图所示，此时 AB 的距离就一目了然了，$AB = \sqrt{9^2 + 3^2} = 3\sqrt{10}$ 。

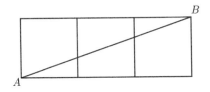

第三节
几何证明：拓宽思路、过程不跳步

几何证明是需要逻辑推理能力的。我们应该学会使用已知条件来推出未知量，并能够验证自己的结论。几何证明题可以说是几何知识中，考察次数最多，最容易，也最不容易得分的题目——只要有思路，很快就能把答案写出来，但如果没思路，很可能费尽心思却1分都拿不到。

一、打破常规：逆向思维

想要拿下几何证明题，逆向思维是必不可少的！我们在做代数题的时候，一般都是从条件出发，然后一步步分析计算得出答案，这是正向思维，而逆向思维要求我们从结论出发，思考如何与题干中的已知条件匹配，找出证明的思路。这个就是难点。

逆向思维难在知识的融会贯通上，比如如果题中给了角平分线，我们可以得到 $\angle A$ 和 $\angle B$ 相等，但如果现在让你证明 $\angle A$ 和 $\angle B$ 相等，就不止角平分线这一种方法了，可以证明两个三角形全等，或者找到 $\angle C$，证明 $\angle A$ 和 $\angle B$ 都等于 $\angle C$，还可以通过平行线的同位角或内错角、等腰三角形来得到 $\angle A$ 和 $\angle B$ 相等的结论……方法有很多，我们需要结合题目给的条件去判断到底用哪种。

从上面的分析中，我们可以知道：几何证明难就难在不能顺着题目给的条件正向思考。如果你只掌握了几个定理，没有把知识织成一张网，就很难融会贯通，顺利找到解答思路。要想快速解决几何证明的问题，就必须经常把这些定理翻来覆去地使用，不但要知道给你什么条件能证明什么结论，还应该知道，想要证明什么结论可能用到哪些定理。

二、无中生有：几何辅助线

除了逆向思维，还必须掌握的一种几何证明能力就是做几何辅助线。做辅助线是指题目中本来没有这条线段或垂线，但是我们恰好需要，就可以画出它来帮助理解。此外，做辅助线的方式往往不止一种。真正想要学好辅助线，必须做到这3点：会画、会认、会用。

会画：要求我们知道辅助线具体是怎么画的，比如需要使用圆规还是直尺，如何定点、如何定长短等。

会认：要求能根据题目中给的条件，去判断用哪种辅助线。比如题目中有角平分线这个条件，就要想到去做角平分线的辅助线；

会用：要求在做完辅助线之后，知道它在解答过程的哪一步如何以数学语言呈现；它的作用是证明边、角的关系还是两个三角形之间的全等关系等。

我们以全等三角形的证明为例，这里的几何模型就有至少10种："手拉手"全等、四点共圆、构造中位线、截长补短、倍长中线、一线三直角模型、对角互补模型、半角模型、角平分线模型、轴对称模型、中点模型等等。"会画"和"会用"只要自己把模型多画几遍就能理解，最难的是"会认"，也就是要会判断。

判断从两点出发：文字和图。

文字，也就是题目中的条件，要能通过条件去捕捉关键信息。

比如2023年随州中考这道题：

如图，在 Rt△ABC 中，∠C=90°，AC=8，BC=6，D 为 AC 上一点，若 BD 是∠ABC 的角平分线，则 AD= ____ 。

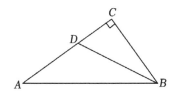

通过题目描述，我们知道比较特殊的条件就是"BD 是 $\angle ABC$ 的角平分线"，这就是重要信号：出题老师在提醒你，该使用角平分线模型了，该过点 D 往 AB 上作垂线了。做完垂线之后，我们就可以利用勾股定理建立方程求解。

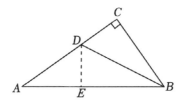

我们还是以一道题目为例，来分析如何判断；比如 2023 年湖北中考的这道题：

如图，$\triangle BAC$，$\triangle DEB$ 和 $\triangle AEF$ 都是等腰直角三角形，$\angle BAC = \angle DEB = \angle AEF = 90°$，点 E 在 $\triangle ABC$ 内，$BE > AE$，连接 DF 交 AE 于点 G，DE 交 AB 于点 H，连接 CF。给出下面四个结论：①$\angle DBA = \angle EBC$；②$\angle BHE = \angle EGF$；③$AB=DF$；④$AD=CF$。其中正确

结论的序号是___。

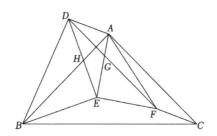

题目给出的条件非常多，有直角、等腰三角形，还有很多边的关系，如果我们单纯从题干中去找突破点没那么容易，所以要结合图形来判断，看这个图跟哪个模型的图长得最像。

下面这张图是"手拉手"全等模型之一，和题目中图形存在相似之处。我们能通过图形条件判断出：这道题用的就是"手拉手"全等模型。

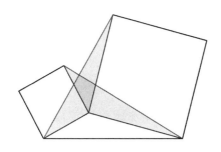

三、逻辑严谨：不跳步

除了不会逆向思维，不会做辅助线，做几何证明题也容易在步骤上丢分，最常见的丢分原因就是跳步。在几何证明题中，跳步可能会导致证明不严谨或者结论错误。这里总结了以下几种避免跳步的技巧：

1.标明推导过程。在证明过程中，每一步——即使是显而易见的步骤，也应该明确写出。

2.有理有据，结论能够对应基本定理和性质。做题总跳步的原因，要么是不细心，要么就是定理性质掌握不扎实。几何证明中常用的基本定理和性质有很多，如三角形全等的判定、平行线的性质、垂直平分线的性质等，我们需要明确，作答时的每一个推断是从何而来的。

比如证明两个三角形全等之后，要在结论后附上依据，可以写成：$\triangle ABC \cong \triangle DEF$（ASA）。

3.先因后果。证明题不像代数题目，可以秒出答案，往往需要经过严谨的逻辑推导才能得出结论。证明过程的每一步都应该基于前一步的结论和已知条件来得出新的结论。

4.草稿推演，留出空间。在正式填写到答题卡上前，先在草稿纸上推论一遍，检查无误后正式誊写；誊写时在每一步间留出一定间距，如果后续发现有遗漏，还可弥补。

需要注意的是，解答几何证明问题还需要细心和耐心，这样才能在推导和分析中得出正确的结论。

第五章

横向看数学之
统计与概率怎么学?

与代数和几何相比，统计与概率在课本中的占比较少，很多同学在学习这部分内容的时候不太重视。但其实统计与概率与我们的生活息息相关，尤其是在当下的大数据时代。像人工智能、生物医学、机器学习、数据驱动等领域，其应用前景非常广阔。基于数据提取及其关联分析建立数学模型，并进行推断和预测是研究许多复杂问题的重要模式。像我们经常能看到的电影评分、餐厅评分、天气预报、抽奖活动等等，都是统计与概率的应用。

同时，统计与概率是一门高深的学问。比如数据分析，不仅仅数据量庞大，需要专业的计算机技术辅助；数据之间的关系也非常复杂。此外，统计与概率也是一门非常严谨的学科，更加强调客观性，一切都要求用数据说话。

第一节
用数学语言描绘现实世界

统计与概率要培养的核心素养是会用数学语言描绘现实世界。《课标》对数学语言给出了这样的描述：

数学语言主要表现为：数据意识或数据观念、模型意识或模型观念、应用意识。通过经历用数学语言表达现实世界中的简单数量关系与空间形式的过程，学生初步感悟数学与现实世界的交流方式；能够有意识地运用数学语言表达现实生活与其他学科中事物的性质、关系和规律，并能解释表达的合理性；能够感悟数据的意义与价值，有意识地使用真实数据表达、解释与分析现实世界中的不确定现象；欣赏数学语言的简洁与优美，逐步养成用数学语言表达与交流的习惯，形成跨学科的应用意识与实践能力。

简而言之就是：数学语言要求我们以数学的视角，而不是自己的主观意识看待世界。

我们在学习统计与概率时，不能只是简单地分类，绘制图表，计算平均数、百分数和方差等度量，更重要的是培养数据意识。特别是在解决实际问题的过程中，能够对数据进行收集、整理和分析，同时利用所学知识来理解生活中的现象，比如彩票中奖、投骰子的点数等等。学习统计与概率为我们提供了一个新的视角和思路：对于不确定的事情，我们可以用数据把它量化出来，从数据中提取信息和规律，这样也为判断和决策提供了更有力的依据。

我们以具体实例说明一下。比如你现在是一名篮球教练，最近队伍的成绩不太好，你可能会认为是最近大家状态不好，需要加强训练，或者是队里某个特别突出的球员缺席了这几场比赛，只要等他回来就好了。但其实，这种分析是不负责任的，也没法帮助队伍从低谷中走出来。

如果我们从统计与概率的角度出发，你要收集运动员的身体状况、比赛成绩、犯规次数等，并使用这些数据来评估运动员的表现，制订训练计划和比赛策略，比如三分球命中率低，那在练习的时候就要加强这方面的训练。很显然，有了数据作为支撑，你在做决策的时候也更加理性。

第二节
统计与概率难在哪里？

一、抽象性和隐蔽性

统计尚且有具体的数据，但是概率是一个抽象的概念，是随机事件发生的可能性大小的度量，无法被看见，也无法被感知。它不像几何，可以画出具体的图形；也不像代数，可以用实际的物品来帮助理解。所以在学习统计与概率时，我们需要花费更多的时间来理解和消化。同时，随机现象有偶然性的一面，也有其必然性的一面。这种必然性出现的频率常在某个固定的常数附近摆动，所以我们也可以用频率来估计概率。

二、复杂的计算

　　说到底，统计与概率是需要计算的，这里说的计算不是简单的加减乘除，而是包含数据的收集、整理和分析。在数据的收集阶段，我们要会计算抽样调查的公式；在整理阶段，要会计算频率、频数，还要会画频率分布直方图、扇形统计图、折线统计图、茎叶图、散点图等等；在分析阶段，要会计算平均数、中位数、众数、极差、方差、相关系数、线性回归方程等等，而且还需要掌握这些统计量的实际意义，并能判断不同数据的应用场景。这里举例说明一下，比如你现在是一家鞋店的老板，为了提高销售量，你应该更加关注售出鞋子型号的众数、平均数还是中位数？答案肯定是众数，众数表示出现次数最多的数，对应的销售量也是最高的。

三、概念理解的困难

除了计算以外，统计与概率知识中还有很多全新的概念，比如事件、试验、总体、个体、样本、样本容量等等，虽然不难理解，但是每个概念之间关系复杂。

比如教材中关于样本的定义是：从总体中抽取的一部分个体叫作这个总体的一个样本。样本容量的定义是：一个样本包括的个体数量叫作样本容量。

我们可以看到，这些概念是环环相扣的，让人很容易混淆。

第三节
统计与概率怎么学?

一、辨别差异,分清基本概念

基本概念是学习统计与概率的关键。事件、随机事件、互斥事件、独立事件等各种概念可能因一字之差造成理解的混乱,仔细辨别概念间的差异、概念针对的具体对象的不同,这对后续的学习非常重要。

很多同学在学习"样本"这个概念时,就非常容易混淆,以下面这道题为例:

为了解学生的身高,学校从 1500 名学生中随

机调查了 200 名学生的身高。下列说法正确的是
（　　）。

　　A. 1500 名学生是总体。

　　B. 每名学生的身高是个体。

　　C. 200 名学生是总体的一个样本。

　　D. 200 名学生是样本容量。

　　很多同学看完题目直接就选 C，认为样本不就
是 200 名学生吗？但其实我们研究的不是学生本
身，而是学生的身高，所以 C 明显是错误的，B 是
正确的。

　　这就告诉我们，概念里面的细节非常多，一不
小心就会出错。

　　那如何更好地吃透概念呢？这里给大家提供 4
个方法：

1. 结合实例理解概念

　　统计和概率中的概念往往比较抽象，因此结

合生活中的实例来理解可以起到事半功倍的效果。例如，对于"概率"这个概念，可以以今天出门遇到红灯的概率是多少来帮助理解。通过这种方式，你可以将抽象的概念与实际生活中的情境联系起来。

2. 动手做实验

在学习统计和概率时，可以尝试通过实验的方式来理解和验证。例如，在做"抛硬币"的实验时，你可以记录下每次抛硬币的结果，然后计算出现正面的概率是多少。通过这种方式，你可以更直观地理解概率的含义。

3. 多角度思考

对于一些较复杂的概念，我们可以尝试从不同的角度去理解。例如，"期望值"可以理解为某个数值的平均值，也可以理解为某个数值的概率乘以其数值的和。

4. 制作图表

学习"平均数"时，你可以画出一个柱状图，将每个数据点的个数表示出来，然后计算出所有数据点的平均数。通过这种方式，更直观地理解和记忆平均数的含义。

二、公式学习

统计与概率的知识中，公式比较多。我们可以通过一些技巧，提升学习、掌握的效率：

1. 熟练读、写常见的公式

对于平均数的计算公式、方差的计算公式、概率的基本公式等，要熟练掌握。这些公式是基础，可以帮助你更好地理解统计与概率的概念和原理。

2. 理解公式的意义

在记忆公式之前，需要先理解公式的意义。例如，平均数反映了一组数据的中心位置，方差则反映了数据的波动程度等等。当你理解了公式的意义之后，记忆和使用公式就会变得更加容易。

3.通过实例来记忆公式

在记忆基本的公式时，可以通过创造一些特殊实例来辅助记忆。例如，在记忆加权平均数的公式时，可以想象一个购物清单，其中不同的商品有不同的价格和数量，如果想计算整个购物清单的平均价格，就需要计算加权平均数。

4.高频练习

只有通过大量的练习，才能够更好地掌握公式的使用方法和计算原理。我们通过反复解题来验证公式，就能强化印象，同时也帮助自己深入理解，在面对问题时实现知识的快速匹配。

5.总结规律

在统计与概率的学习中，要善于总结规律。例如，在计算概率时，互斥事件的概率加法公式和相互独立事件的概率乘法公式都是高频出现的，属于常考题型，那么我们就可以总结其出题的规律。通过总结这些规律，我们可以更加高效地解决一些问题。

三、建立知识网络

由于统计与概率的知识点比较多，我们需要建立一个完整的知识网络。可以通过整理笔记、制作概念图等方式来实现。

四、关注实际应用

统计与概率是实践性很强的学科知识，一些生活中的实例和应用场景，例如天气预报、股市走势等等，都能帮助我们加深对统计与概率的理解。在学习线性回归时，还可以通过分析实际数据（如身高和体重之间的关系）来理解线性回归的概念和方法。

第六章

横向看数学之
实际应用怎么学?

数学学习离不开应用，应用题的核心是用数学语言来描述世界，学以致用说的就是这个道理。

第一节
实际应用的难点

一、文字多，题目读不懂

"数学题目语文化"是这几年数学考试的变化趋势：题目的字数变多，而且有很多干扰内容，需要理解的内容也变多。比如 2023 年遂宁中考的这道题：

纳米是表示微小距离的单位，1纳米 = 0.000001毫米，而1毫米相当于我们通常使用的刻度尺上的一小格，可想而知1纳米是多么的小。中科院物理所研究员解思深领导的研究组研制出世界上最细的碳纳米管——直径0.5纳米。0.5纳米相当于0.0000005毫米，数据0.0000005用科学计数法可以表示为（　　）。

A. 0.5×10^{-6} 　　　B. 0.5×10^{-7}

C. 5×10^{-6} 　　　D. 5×10^{-7}

题目中文字非常多，但其实对解题有用的只有最后一句："数据0.0000005用科学计数法可以表示为"，前面一大段文字，都是迷惑内容。这道题考查的就是科学计数法，但是有的同学一看到前面那么多的文字，就容易犯迷糊。

二、找不到突破口，不会设元

实际应用题的核心是设未知数、列方程解题，一般情况下，我们采用直接设立未知数的方法，题目问什么我们就设什么为未知数；在有的题目中，未知的量有很多，这时候我们就要判断，是否存在一个或几个与已知量、未知量关系都比较密切的量。后续的内容中会讲解相应技巧。

三、找不到等量关系，不会列方程

设完未知数后，就要从题干中找到等量关系列方程。有的题目中等量关系比较明显，比如速度 × 时间 = 路程；有的就比较隐蔽一些，需要不断推导得到等量关系。

第二节
具体的应用方法

方法 1：找题眼，提取关键信息

题眼简单来讲就是数学题目中的关键信息。一般是暗示某种等量关系，或者告诉你应该设某个量为 x。有些题目的题眼比较明显，比如 2023 年陕西中考的这道题：

小红在一家文具店买了一种大笔记本 4 个和一种小笔记本 6 个，共用了 62 元。已知她买的这种大笔记本的单价比这种小笔记本的单价多 3 元，求该文具店中这种大笔记本的单价。

这道题的题眼就是"比"。比就是"="，我们从题眼能得到这样的等量关系：大笔记本单价 = 小笔记本单价 +3。如果设大笔记本单价为 x，那小笔记本单价就是 $x-3$，再根据前面"62 元"这个条件，就可以列出方程解题了。

并不是所有题目的题眼都这么容易找到，大部分题目都会复杂一些。做到以下这 3 点就可以快速精准定位题眼所在：

1. 对于文字比较多的题目，从有数字的那一句开始看

很多同学读不懂题目，都是因为文字太多，但往往文字越多，题目反而越简单，我们只需要从有数字的那一句开始看即可。这里结合一道具体的题目来说明一下，比如 2023 年张家界中考题：

《四元玉鉴》是一部成就辉煌的数学名著，是宋元数学集大成者，也是我国古代水平最高的

一部数学著作。该著作记载了"买橡多少"问题:"六贯二百一十钱,倩人去买几株橡。每株脚钱三文足,无钱准与一株橡",大意是:现请人代买一批橡,这批橡的总售价为 6210 文。如果每株橡的运费是 3 文,那么少拿一株橡后,剩下的橡的运费恰好等于一株橡的价钱,试问 6210 文能买多少株橡?设 6210 文购买橡的数量为 x 株,则符合题意的方程是( )。

A.$3(x-1)=\dfrac{6210}{x-1}$ B.$3(x-1)=6210$

C.$3(x-1)=\dfrac{6210}{x}$ D.$\dfrac{6210}{x-1}=3x$

　　题目很复杂,其实叙述部分的文言文都是无效的信息,我们从包含数字"6210"的那句话开始看,然后再找等量关系列出方程即可解题。

2.掌握固定搭配

　　应用题中文字信息和代数式关系有很多固定搭配,例如,在工程问题中,关键词可能是"完成""加工"，符号可能是"="">""<"等。我们需要仔细阅读题目，找到这些关键词和符号，并理解其含义。

3.动笔圈画

顾名思义，就是把关键内容圈画出来。这一步对同学而言是无论如何都不能省略的，圈画的意义就是进一步明确题意，抓住重点和关键。

比如2023年黑龙江中考的这道题：

某社区为了打造"书香社区"，丰富小区居民的业余文化生活，计划出资500元全部用于采购A、B、C三种图书，A种每本30元，B种每本25元，C种每本20元，其中A种图书至少买5本，最多买6本(三种图书都要买)，此次采购的方案有(　　)。

A.5种　　　B.6种　　　C.7种　　　D.8种

在圈画的时候，这两类内容我们需要重点关注：

一是数字，二是修饰词。在这道题里，每种图书的价格属于数字类的，需要圈出来；另外"至少、最多"这种修饰词也要圈出来，这是解题的关键。

动笔圈画不仅可以帮助我们找到题眼，还能提醒我们注意题中的易错点和细节，避免出错。

方法 2：掌握常考的问题形式

工程问题：已知工作效率和工作时间，求工作总量。速度问题：已知速度和时间，求路程。增长率问题：已知今年和前两年的销售额，求近两年的平均增长率。

掌握这些常考的形式，也能帮助我们快速解题，得出正确答案。

方法 3：掌握常见的列方程的方法

为了更快地列出方程，并且更准确地表达实际问题中的数量关系，这里列举常见的三种方法：

1. 代数几何法

代数法中的"未知数代数式等于已知数代数式";几何法中的"面积相等""周长相等""三角形相似""三角形全等"等关系,都可以用来列出方程。

还有一些简单的应用题,比如"A 比 B 多 5"、"甲比乙的 5 倍少 3"。这里面的"比"就是"=","多"就是"+","少"就是"−","的"就是"×",我们可以直接把题目改成:$A=B+5$,甲 $=5×$乙 -3,这样列出等量关系,题目就清晰很多。

2. 表格法

理不清等量关系的时候,还可以借助表格来辅助解题。我们还是以 2023 年黑龙江中考的这道题为例:

某社区为了打造"书香社区",丰富小区居民的业余文化生活,计划出资 500 元全部用于采购 A、B、C

三种图书，A 种每本 30 元，B 种每本 25 元，C 种每本 20 元，其中 A 种图书至少买 5 本，最多买 6 本（三种图书都要买），此次采购的方案有（　　）。

A. 5 种　　　B. 6 种　　　C. 7 种　　　D. 8 种

题中有 A、B、C 三种图书，每种价格不一，购买数量也不固定，像这种变量比较多的题型，我们可以用列表来辅助做题：

种类	单价（元）	数量（本）	总价（元）
A	30		
B	25		
C	20		
总金额			500

3. 找到隐含的等量关系

有些题目的等量关系比较隐蔽，题目中也没有"比、等于"这样的字眼，这个时候，我们就要找到题目中所有的量，再从中去找等量关系。比如 2023 年自贡中考的这道题：

某校组织七年级学生到江姐故里研学旅行，租用同型号客车 4 辆，还剩 30 人没有座位；租用 5 辆，还空 10 个座位。求该客车的载客量。

题目中涉及的量一共有三个：人数、载客量和客车的辆数。从这三个量里，一定可以找到等量关系。每辆车的载客量是固定的，七年级学生的人数也是固定的，那就可以尝试去列方程，如果设每辆车的载客量为 x，那七年级学生的人数既可以表示为：$4x+30$，也可以表示为 $5x-10$，这两个代数式表示的含义相同，就可以画等号，方程也就列出来了。

方法 4：不会设未知数时的办法

利用方程解实际问题时，如果遇到不会设未知数的情况，可以尝试以下方法：

1. 确定量和关系：在设未知数之前，首先需要明确题目中给出的已知量和未知量，以及它们之间的关系，根据对应关系，设出未知数，建立方程。

例如，工程问题中，可以设工作效率为未知量，列出工作时间与工作总量之间的方程；行程问题中，可以设速度为未知量，列出时间与路程之间的方程。

2. 概念结合常识：在设未知数时，可以运用数学概念和常识来帮助设未知数。例如，购物问题中，可以设价格为未知量，列出数量和总价之间的方程；投资问题中，可以设收益为未知量，列出本金和利率之间的方程。

3. 看图找关系：如果题目涉及图表和图形，可以借助对应数据来帮助设未知数。例如，几何问题中，如果求边长或面积，我们就可以借助图形规律、特征来设出未知量，列出对应方程。

4. 另选入手角度和方式：如果用一种方式设未知数有困难，可以尝试用不同的方式设未知数。例如，在代数问题中，可以用代数式来表示未知量；在几何问题中，可以用坐标系来表示未知量。

需要注意的是，设未知数的方法并不是唯一

的，我们可以根据实际情况选择合适的方法。同时也要多练习和总结经验，帮助我们迅速将题、法匹配。

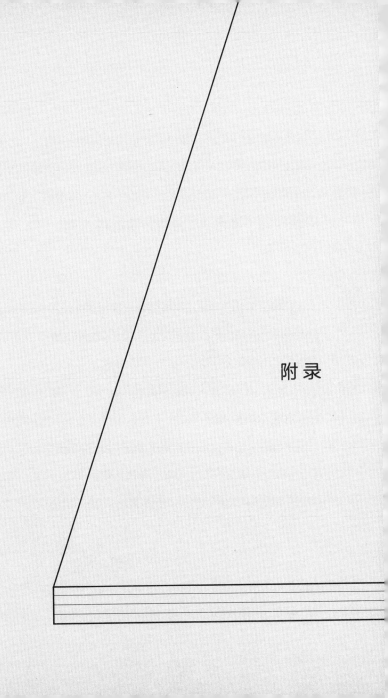

附录

应试技巧：多考10分的方法都在这里！

在数学考试中，除了掌握知识和解题方法外，还需要注意一些应试技巧，这类技巧，在选择、填空题中应用非常多。

方法1：直接代入法

有些数学题目直接求解比较麻烦，我们就可以换个思路，从答案出发，如果是做选择题，可以直接把答案代入题中，找符合题意的选项。比如：

已知 $m\{m[m(m+n)+n]+n\}+n=1$，则 $m+n$ 的值是（　　　）。

A.0　　B.1　　C.2　　D.3

这道题中，如果我们要把左边的式子化简计算，那是非常复杂的，可以直接把四个选项分别代入到原题中。$m+n=0$ 代进去不对，$m+n=1$ 代入刚好成立，所以本题选 B。

方法 2：排除法

单选题还可以使用排除法快速得出答案。

比如：

函数 $y=x+\sin|x|$ 的大致图像是（　　　　）。

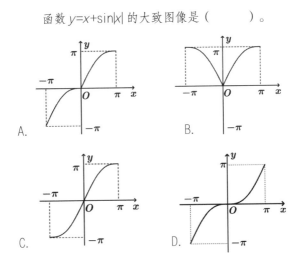

如果我们真的把函数解析式求出，然后根据性质画图，也可以做出题目，但就会麻烦很多。这时候我们可以选择更加简便的方法：排除法。直接用奇偶性排除错误选项。这个函数是一个非奇非偶函数，答案只能是 A 选项，其他的图像都不符合函数特征。

方法3：特殊值法

一些代数类的题目，可以通过取特殊值求出答案。

比如：

已知 $x < y$，则下列各式中正确的是（　　）。

A. $x+2 > y+2$　　　　B. $\dfrac{x}{3} > \dfrac{y}{3}$

C. $x+y > 0$　　　　D. $-x > -y$

我们可以取 x、y 的特殊值，分别代入四个选项中，就可以得出答案，比如 $x=-2$，$y=-1$，那 $x+y=-3$，是小于 0 的，那 C 选项肯定是错的。

方法 4：特殊位置法

对于一些单选题，我们可以采取特殊位置法来解题。建宇老师结合一道具体的题目来说明。

已知 $\triangle DEF$ 的三个顶点在椭圆上，其中 D、E 两点关于原点对称，设直线 DF 的斜率为 k_1，直线 EF 的斜率为 k_2，则 $k_1 k_2$ 的值为（　　）。

A. $-\dfrac{5}{4}$　　B. $-\dfrac{4}{5}$　　C. $\dfrac{4}{5}$　　D. $\dfrac{2\sqrt{5}}{5}$

这道题中，并没有明确给定 D、E、F 三点的位置，所以 k_1 和 k_2 的值都不是确定的，会随着 D、E、F 三点的位置而变化，但题目问的不是 k_1 和 k_2 的具体值，而是 $k_1 k_2$ 的值，那就说明，$k_1 k_2$ 的值一定是定值，不管 D、E、F 这三点在什么位置上，$k_1 k_2$ 的值都是固定不变的。这样一来，我们完全可以把这题特殊化：找一个最特殊、最容易计算的。可以让 D、E 分别为椭圆长轴上的两个顶点，F 为椭圆短轴上的一个顶点，这样直接就可以把 k_1 和

k_2分别算出来，再相乘，答案就出来了。这种方法就是将复杂问题简单化。

方法5：直接测量法

判断数量关系、求线段长度这类型的几何题，我们可以自己动手画图，直接测量。比如：

如图，正方形 $ABCD$ 的边长为4，点 E 是 BC 边上一点，以 AB 为直径在正方形内作半圆 O，将 $\triangle DCE$ 沿 DE 翻折，点 C 刚好落在半圆 O 的点 F 处，则 CE 的长为（　　）。

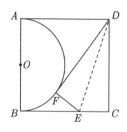

A. $\dfrac{7}{3}$　　　B. $\dfrac{4}{3}$　　　C. $\dfrac{3}{4}$　　　D. $\dfrac{4}{7}$

既然是单选题，那就说明答案只有一个，我们可以画出一个边长为 4cm 的在方形，然后把半圆、三角形画出来，直接量出 CE 的长度。

　　当然，测量法在万不得已的时候才用，因为我们没法把图画得非常标准，最严谨的方法还是根据题目里面给的条件，利用勾股定理、全等三角形等相关定理来解题。但是如果考试的时候想不出来怎么做，又不想随意选择一个选项，就可以试着画图测量，也能提高正确率。

　　最后需要注意一点，技巧只能起辅助作用，帮助你在考试这个特殊场景下，在更短的时间内，得到更多的分数，但并不意味着平时练习、写作业的时候，也可以这么用。我们练习，不是看做对了几道题，而是要审视我们是否能在做练习的过程中，把基本概念掌握得更牢固、理解得更透彻、应用得更娴熟。